学教评一体化助推课堂深度变革的研究与实践

韩高波　张海艳／主编

中国出版集团　现代出版社

图书在版编目(CIP)数据

学教评一体化助推课堂深度变革的研究与实践 / 韩高波，张海艳主编. — 北京：现代出版社，2021.10

ISBN 978-7-5143-9527-3

Ⅰ. ①学… Ⅱ. ①韩… ②张… Ⅲ. ①课堂教学—教学研究—小学 Ⅳ. ①G622.421

中国版本图书馆CIP数据核字（2021）第210873号

学教评一体化助推课堂深度变革的研究与实践

作　　者　韩高波　张海艳
责任编辑　张桂玲
出版发行　现代出版社
地　　址　北京市安定门外安华里504号
邮政编码　100011
电　　话　010-64267325　64245264
网　　址　www.1980xd.com
电子邮箱　xiandai@cnpitc.com.cn
印　　制　北京政采印刷服务有限公司
开　　本　710mm × 1000mm　1/16
印　　张　12.25
字　　数　196千字
版　　次　2021年10月第1版　2021年10月第1次印刷
书　　号　ISBN 978-7-5143-9527-3
定　　价　45.00元

目录

CONTENTS

上篇
学而不厌——解析与研究

下篇
因材施教——课程纲要与解析

上篇

学而不厌

——解析与研究

上篇导读

课程标准的校本化解析与研究

课程标准是国家教育目的的具体体现，是学科教学的统领，基于课程标准是新课程背景下教学的一个核心特征，课程背景下的教学应当是一种基于标准的教学。

课程标准是高度概括的，描述的是阶段性学习结果。国家课程标准校本化解析的目的是研制与课程标准一致的学年、学期、单元、课时目标体系，建构与目标体系一致的课程内容、实施、评价，设计学年、学期、单元、课时教学方案。

用教学设计改进教学活动

——基于课程标准的学教评一体化构建研究

张海艳

一、研究缘起（为什么做？）

山东省寿光市圣城小学是中国教育科学研究院学本课堂项目实验学校，自2015年10月开始，进行学本课堂的研究与实践，以小组合作团队学习为主要特征，通过自主合作探究学习，实现学习者的自我学习、管理、评价和发展。在学本课堂的推进中，师生素养大幅提升。学本课堂成了寿光市圣城小学的名片，先后荣获潍坊市教学成果奖、山东省基础教育教学成果奖、潍坊市中小学“双改行动”特色学校等荣誉称号。2016年11月，中国教科院“学本课堂”创建研讨会在寿光市举行，圣城小学成为小学的主场校，14个省市区的教师进行了同课异构活动。2019年2月，寿光市圣城小学被确定为潍坊市基于课程标准的教学改进行动联盟学校；2020年4月，寿光市圣城小学被确定为潍坊市基于课程标准的教学改进行动核心研究共同体学校。

面对取得的点滴成绩，我们没有止步，而是引领团队深刻反思学本课堂推进过程中存在的问题。我们发现，教师研究的深度不够和学生学习的深度不够是制约课堂改革向深度推进的最主要问题。基于此，我们进行了基于课程标准的教学设计改进行动，用教学设计改进教学活动。

二、概念解读（是什么样？）

我们深入研究了深度学习的定义，同时，经过深度学习和浅层学习的比对，抓住了深度学习关键点：强调理解的设计，建立新旧知识间的联系，学生主动学习、自我反思、会迁移运用，培养高阶思维……

对照深度学习的关键点，反思学本课堂的现状，发现教师的教学设计流于形式，学本课堂过于关注流程，是导致教师研究和学生学习深度不够的最主要原因，于是，基于课程标准的教学改进行动从改进教学设计、改进课堂流程入手。教学改进有以下三个要素：基于课程标准开展研究、立足小组合作深入探究、教学设计和学生学习追求深度理解。

三、实施策略（怎么做的？）

（一）明确研究目标，追求深度理解

基于课程标准，教师团队开展深度研究，教学设计追求深度理解，教学实践落实学教评一致性；学生基于小组合作开展深度探究，在核心问题引领和思维碰撞中，实现深度学习，落实核心素养。

（二）改进教学设计，促进教师深度研究

教学设计的改进遵循“整体建构，一以贯之”的原则，从国家课程标准的校本化解析入手，研究教材编写体系，编制学年、学期课程纲要，单元整体教学设计、课时教学设计、学习单的开发沿着一条主线，目标一致，评价指向明确。

1. 国家课程标准的校本化解析研究

课程标准是学科教学的统领，是高度概括的，只描述阶段性学习结果，未规定具体学习内容。国家课程标准的校本化解析的目标是研制与课程标准一致的学年、学期、单元、课时目标体系，建构与目标体系一致的课程内容、实施、评价，设计学年、学期、单元、课时教学方案。

以小学英语课程标准的校本化解析为例，以《义务教育英语课程标准（2011年版）》、“英语学科核心素养”（2014年）、《普通高中英语课程标准（2017年版）》为理论基础，采用分解、细化、提炼、提升的策略，将语言

知识、语言技能、文化意识融合为语篇和语用两部分，分别从词汇、句子、单词进行分解，研制听说读写这些技能要达成的目标。

2. 学期课程纲要的编制研究

学期课程纲要的背景分析、课程目标、课程内容、课程实施、课程评价与单元整体设计、课时教学设计、学习单开发前后一致，呼应连贯。

3. 课时教学设计的改进研究

针对学习目标不细化，导致目标在课堂中似有若无的现象，开展了单元目标链条化和课时目标具体化的研究；针对教学活动随意化的问题，开展评价专项研究，明确评价任务的指向性，突出评价标准的多维化。

例如，二年级语文《坐井观天》一课设计了三个学习目标：①认识“沿”“答”9个生字，读准多音字“哪”；②能分角色朗读课文，读好小鸟和青蛙的对话；③能明确小鸟和青蛙争论的问题，知道它们说法不一致的原因，体会故事寓意。但是目标的表述宽泛。例如，目标②怎样才算“读好”呢？针对教师普遍会忽略这个目标，但它又是提升学生语文素养很重要的关键目标，我们设计了二级目标，让学生借助图片，联系生活，带上动作、表情来读。三级目标中又对起关键作用的问号、叹号和不同人物的“笑”进行了进一步细化。由此可见，我们的目标设计：卷起来是几句话，展开来是微型教案。

除了学习目标的研究外，我们还进行了评价任务和评价标准的专项研究。

例如，数学“三位数乘两位数”一课，明确学习目标，评价任务指向目标，预设学习活动，关注学生的行为表现，及时调整学习活动，形成闭环链条。课堂就是由一个个这样的闭环链条组成，最终让教的方向和学的体验完美一致。对照评价任务，研究评价标准，做到可视化、可操作、具体化，使学生由被动学习变为主动评价。

（三）改进课堂流程，促进学生深度学习

我们进行了课堂流程的升级改进，由课改初期侧重流程的1.0版升级到2.0版的自主学、重点展、合作学、普遍展、延展学，放大学生的自主学习空间，课堂流程指向小组的深度探究。

学习单是指导学生学习的路径和载体，由导学案升级到学习单，用学习单一和学习单二的研制有效引领学生课前、课中、课后的立体化学习；设计开放性的任务，实现核心问题引领下的高阶思维训练；借助团队学习，达成学生的自主、合作、探究、创新等品质构建。

四、取得成效（做得怎样？）

（一）落实立德树人，学生综合素养提升

学生提升自学、合作、表达、思辨能力，让学生站在课堂中央，实现深度学习思考。寿光市教科研中心组织的历届学生素养展示中，我校均获总评一等奖；学生参加的市级阅读、写作素养展示，获奖数量和奖次遥遥领先；师生团两次受邀到北京进行课堂展示活动，到深圳参加全国综合实践活动优秀成果展示；2019年4月，中国关工委顾秀莲主任到学校调研，学生在讲解、展示中的精彩表现得到领导的认可。

（二）扎实深度研究，教师专业素养提升

教师全员参与，团队研究，以研究引领实践，以实践推动研究。教师成名家、做名师：90余人次以名师或专家身份担任课堂改革培训师；17位教师5次参加全国性课堂改革成果展示会，展示公开课并获奖。坚持团队研究，在各类活动中结出硕果：参评教师全部被评为“寿光市教学能手”，教学能手评选率达到100%；参加青年教师基本功大赛，成绩获全市第一名；先后有9个课例登上了“学习强国”平台。深入课题研究，引领专业发展：教师团队申报教育部重点课题子课题、山东省教育科学规划课题、潍坊市教育科学规划课题20余项，教师的课题意识和研究意识大幅提升。积极进行课程开发，打造育人新样态：为了有效指导学生的线上学习，形成家校共育合力，组织教师团队开发的20个课程案例被潍坊市“家校育人课程超市”推介；47位教师参与了寿光市教科研中心组织的微课录制。

（三）实现内涵发展，学校综合实力提升

建设了各学科研究资源库，让研究者实现最大发展，让引领者凸显社会价值。来自江苏、河南、重庆等60多个省内外教育考察团入校观摩学习；2019年11月，潍坊市小学“基于课程标准的教学改进行动”西片联盟研讨交流活动在我校举行。

在潍坊教科院和寿光市教科研中心的指导下，团队会在专业的课程标准解析和科学的观课评估反馈方面进行更加深入的研究（见图1）。

图1　潍坊市教科院和寿光市教科研中心领导参与活动

2019年11月，潍坊市小学“基于课程标准的教学改进行动”西片联盟研讨交流活动暨第三期齐鲁名校长建设工程人选入校研讨交流活动在寿光市圣城小学举行（见图2）。

图2　第三期齐鲁名校长建设工程人选入校研讨交流活动

潍坊市教科院副院长逄凌晖评价说：“从圣城小学老师们的汇报展示中可以看出，他们的教学设计指向学教评的一致性，体现了深度教研和深度学习。”潍坊市教科院孙俊勇科长点评道：“圣城小学的课堂，孩子们落落大方，非常自信，积极参与和表达，我看到圣城小学课堂改革，在孩子们的素养上反映出来的效果还是非常显著的。课堂的流程非常合适，能促进学生的学习。”（见图3）

图3　潍坊市教科院孙俊勇科长评价演说

基于音乐课程标准的解析

——以小学一、二年级为例

李晓丽　张　杰　康　巍

一、对课程标准中课程目标的解读与理解

《义务教育音乐课程标准（2011年版）》（以下简称《音乐课程标准》）所倡导的新课程改革的理念，是以音乐审美为核心，要求教师在教学中重视学生的主体地位，重视教学方法和学生的学习过程。以兴趣爱好为动力，引导学生主动参与音乐学习和音乐实践，促进学生生动活泼地学习音乐，尊重学生的学习体验与艺术创造，为学生终身学习、喜爱音乐奠定良好的基础。

1. 三维目标的理解与剖析

在新课改背景下，《音乐课程标准》具体的三个维度为“情感态度与价值观”“过程与方法”和“知识与技能”。

颇具意味的是，在基础教育的所有学科中，只有音乐将“情感态度与价值观”放在了三个维度之首。在基础教育体系中的音乐应该是一个情感体验的过程，而不是一种逻辑思维和认知的过程。对于小学生来说，音乐艺术主要不是一门知识，而是一种内心体验，一种音乐审美带来愉悦情感的体验。对音乐课而言，教育效应主要不在于知识技能的习得，而是陶冶情操、丰富情感、塑造人格，使学生热爱音乐、热爱生活，这是作为音乐教育达到的三个维度中首位的重要原因。

具体到音乐课程的教与学，其“过程与方法”首先要“突出音乐特点”，

那么音乐的特点是什么？“音乐是听觉艺术，学生主要通过听觉活动感受与体验音乐。”《音乐课程标准》中一语道破了音乐作为艺术的最本质特点。音乐是声音艺术、听觉艺术，理所当然，听应该是音乐学习的主要途径。体验便是学习音乐的入口。在“综合”的艺术实践中，通过最初的感性认识在不断“模仿”中积累音乐经验，通过探究、合作的方式不断上升为理性认识，从而建立正确的音乐审美意识。在音乐教学过程中关注学生的音乐学习过程和学习方法，重视学生的生活经验和音乐经验，教师运用自身的教学方法及音乐专业修养，通过组织多样的学习活动，让学生全身心投入学习过程中。

学生要接触音乐、享受音乐、运用音乐，必须采用音乐的语言和手段，这就是音乐基础知识和基本技能的范畴，包括：对节拍的韵律感的感知，对节奏型的疏密、变换的感知，对音阶的感知及音准的把握，高低音区的对比辨别能力，对旋律音调的起伏变化等感知，等等。拥有了这些感知能力相当于具备了感知音乐的本领，对音乐艺术的灵敏度、准确度、接受力、模仿力、理解力等都会有所提升，从而使音乐感逐步提高，更好地反映在音乐欣赏、音乐表演、音乐创造过程中。

2. 分阶段的学段目标

由于学生的发展具有顺序性、阶段性，因此针对不同年龄段有不同的学段目标。低学段（一至二年级）：教学要善于利用儿童的自然嗓音和灵巧的形体，采用歌、舞、图片、游戏等相结合的综合手段进行直观教学。聆听音乐的材料要短小且有趣，形象鲜明。具体体现在以下四个方面：激发和培养学生对音乐的兴趣；开发音乐的感知力，体验音乐的美感；能自然地、有表情地演唱，参与其他音乐表现和即兴编创活动；培养乐观的态度和友爱的精神。

二、对课程标准中课程内容的解读

1. 感受与欣赏是整个音乐学习活动的基础，是培养音乐审美能力的有效途径

如前所述，音乐是听觉的艺术，离开了听觉思维，音乐就失去了意义。使学生会听，这是音乐教学首先解决的问题。根据学生“先感性，后理性”的音乐艺术认知规律，听便是学习的入口。通过音乐课程教学，培养学生良好的听觉思维能力，有利于发展学生的形象思维能力。

音乐审美能力包含两个方面的内容。

一方面，培养审美感知，包括音乐辨别力、音乐感受力和音乐记忆力，这些是音乐审美的基础。

另一方面，培养审美情感，包括音乐情感辨别力和表现力及音乐情感理解力，这是音乐审美的发展和深化。

良好的音乐感受与欣赏能力，对于学生丰富情感、提高文化素养、增进身心健康具有重要意义。

2. 表现是学习音乐的基础性内容，是培养音乐审美的重要途径

“表现”领域包含了演唱、演奏、综合性艺术表演、识读乐谱。在教学中应该培养学生自信的演唱、演奏能力，综合性艺术表现能力，以及在发展音乐听觉基础上的读谱能力。培养学生具有积极开放的心态，能与他人沟通，融洽相处，勇敢表现自我，这是现代社会的需要。大量事实证明，有过音乐学习经历或者能在大庭广众场合进行音乐表演的人，其在生活和工作中一般都会表现出更强的自信心和勇气。音乐对他们良好的个性品质形成正面的影响。因此，在音乐教学中，加强培养学生的表现意识是非常重要的目标。

3. 创造是发挥学生想象力和思维潜能的重要手段

创造是小学音乐教学的一项独立内容，这是时代的需要，也充分体现了音乐的本质。从一定意义上讲，音乐的本质就是创造。只有把它独立出来，才能在音乐教育中获得最大的收益。就世界范围而言，音乐教育比较发达的国家，如美国、意大利、加拿大等国都十分重视音乐创造教学，重视创造性思维的发展。

儿童正处于创造性思维的最佳时期，他们的思维少有框框，富于幻想，好奇大胆。平时我们理解的音乐创造可能就是作曲，这是狭义的说法，从广义上来说，音乐的一切活动都包含着创造，比如我们说的作曲是一度创作，表演（演唱、演奏）是二度创作，欣赏是三度创作，就是这个意思。

音乐创造教学中发展的是创造性思维，这种思维的最大特点就是求异性，是一种开放性的思维。创造教学中没有共同的答案，这也是由音乐的特性所决定的，即使有千千万万的音乐作品，也没有两个是完全相同的，通过不断地感受、欣赏、表演，使学生慢慢培养求异的思维习惯。

4. 音乐与相关文化是增加学生人文内涵的重要途径

音乐是文化的一部分，与文化有着密切的联系。音乐与相关文化涵盖的内容非常广泛，涉及音乐与社会生活的方方面面，它在某方面有自己的相对独立性，但在更多情况下可以有机地渗透到鉴赏、表现、创造等教育领域中。在教学过程中倡导通过多元音乐文化认识世界，开阔学生的音乐视野，丰富学生的文化内涵，促进其理想人格的形成，培养具有高尚审美情趣的人。

三、分解后课程标准的落实

通过对各年级教材的分析，我们发现每个知识和能力目标都是相辅相成的，形成一个完整的梯队。下面为根据学生的特点进行的分析。

表1　一年级学生音乐知识认知表

年级	一年级上册											
单元	1	2	3	4	5	6	7	8	9	10	11	12
知识点		音乐的长短	3 mi 5 sol 6 la 音高 唱名 手势		1 do 2 re 音高 唱名 手势	节奏记号 × × × ×～		休止符 0				
年级	一年级下册											
单元	1	2	3	4	5	6	7	8	9	10	11	12
知识点	$\dot{1}$do 音高 唱名 手势	$\dot{6}$la 音高 唱名 手势	打击乐器：碰铃、沙锤		声音的强弱 f p	$\dot{5}$sol 音高 唱名 手势		打击乐器：大鼓、小鼓	打击乐器：双响筒、铃鼓			

表2　二年级学生音乐知识认知表

年级	二年级上册											
单元	1	2	3	4	5	6	7	8	9	10	11	12
知识点	$\dot{2}$re $\dot{3}$mi 音高 唱名 手势	节奏 记号 ×××× ×××	7 si 音高 唱名 手势	反复 记号 一	4 fa 音高 唱名 手势	认识乐器：三角铁、串铃、响板、蛙鸣筒		认识乐器：鼓、钹、锣				
年级	二年级下册											
单元	1	2	3	4	5	6	7	8	9	10	11	12
知识点	小节 小节线 终止线		节奏 记号 ×××		反复 记号 二		认识乐器：木鱼	认识乐器：小锣				

音乐教材编排体系研究

——以小学低学段为例

李晓丽　张　杰　康　巍

表1　音乐校本课程结构框架（低学段）

课程领域	核心素养	分级能力	内容标准
感受与欣赏	音乐感受能力	听辨音响与人声	感受自然界和生活中的各种声音，能够用自己的声音或打击乐模仿自己喜欢的声音
			能听辨歌唱中的童声、女声和男声
		打击乐器的表现要素	能够感受并描述音乐中力度、速度的变化，能对二拍子、三拍子的音乐做出相应的反应
			感受乐器的声音，能听辨打击乐器的音色，能用打击乐器奏出强弱、长短不同的音
		体验音乐情绪与情感	能够说出音乐情绪的相同与不同
	音乐欣赏能力	感受音乐情绪	聆听不同情绪的音乐，能够用表情或体态反应对不同音乐情绪的感受
		认识音乐体裁与形式	能够随着进行曲、舞曲音乐走步、跳舞，能够区别独唱、齐唱、齐奏
		感受风格与流派	聆听不同国家、地区、民族的儿歌、童谣及小型器乐曲或乐曲片段，能够初步感受不同国家、地区、民族的音乐风格
音乐表现	演唱	正确演唱方法	能够用正确的姿势、自然的声音有表情地独唱或参与齐唱
			能够参与演唱活动

续表

课程领域	核心素养	分级能力	内容标准
音乐表现	演唱	有感情演唱	能够对指挥的动作做出反应，能够采用不同的力度、速度表现歌曲的情绪
			能运用所学的演唱基本知识和方法，每学年背唱歌曲4~6首（其中，中国民歌2~3首）
	演奏	初级演奏方法与姿势	掌握常见课堂打击乐器的演奏姿势和演奏方法
		初级合奏伴奏	能够用常见课堂打击乐器与其他声音材料合奏或为歌曲伴奏
	综合表演能力	多种形式演奏	能够参与综合性表演活动
		初级的综合艺术表演	能够配合歌曲、乐曲用身体做动作，能够与他人合作、进行律动、集体舞、音乐游戏、儿童歌舞表演等活动
	识谱能力	认识音符与节奏	认识简单的节奏符号
			能用声音、语言、身体动作表现简单的节奏
		认识、模唱音符	能够认识音符的唱名
			能在钢琴伴奏或教师示范下模唱音符
创造	音乐编创能力	模仿音响	能运用人声、乐器声模仿自然界或生活中的声音
		即兴编创动作	能够将儿歌、短句、诗歌用不同的节奏、速度、力度等加以表现
		记录感受	能够运用线条、色块、图形记录感受到的音乐
		探索打击乐	能用打击乐乐器或寻找发声材料探索声音的强弱、长短、高低和音色
		即兴编创	能够用课堂乐器或其他音源即兴给音乐故事和音乐游戏配乐
		节奏编创	能够运用人声、乐器或其他音源创作1~2小节节奏

续 表

课程领域	核心素养	分级能力	内容标准
音乐与相关文化	音乐参与	音乐与生活	能够感受生活中的音乐
		收集参与	能够通过广播、影视、网络、磁带等传播媒体进行音乐的听赏
	综合表现能力	音乐与形体	能够运用舞蹈中的简单形体动作配合音乐节奏
		舞蹈表现	能够运用舞蹈或情境表演中简单的动作表现音乐情绪
	音乐分析	音乐与自然	能够举例说出声音与日常生活现象的联系
		音乐与韵律操的配合	能用不同节奏、节拍、情绪的音乐配合简单的韵律操动作

下篇

因材施教

——课程纲要与解析

下篇导读

学期课程纲要的研究与解析

在对课程标准进行校本化解析的基础上，依据学段目标，立足学情，深入研究教材编排特点，编写各学科学期课程纲要。遵循“整体建构，一以贯之”的原则，学期课程纲要的背景分析、课程目标、课程内容、课程实施、课程评价与单元整体设计、课时教学设计、学本课堂学习单开发前后一致，呼应连贯，充分体现了学教评的一致性。

《语文（一年级下册）》课程纲要

课程名称：语文

课程类型：国家课程

教材来源：《语文（一年级下册）》，人民教育出版社，部编版

授课对象：小学一年级

授课时间：96课时

设 计 者：方荣梅　杨晓丽　董　敏

表1　语文学科学期课程纲要

课程名称	语文学期课程纲要	课程类型		学科课程
学校名称	寿光市圣城小学	使用教材		部编版
设计者	方荣梅　杨晓丽　董 敏			
适用年级	一年级	班额	44人	总课时	96
与本学期相联系的国家课程标准陈述	对小学第一学段来说，识字和写字是语文学习的基础，也是阅读和写作的基础，识字能力和写字能力是语文学习能力的基础，这是第一学段的教学重点。 课标中第一学段（一至二年级）对识字的要求：喜欢学习汉字，有主动识字的愿望，认识常用汉字1600个左右。对写字的要求：掌握汉字的基本笔画和常用的偏旁部首，能按笔顺规则用硬笔写字，注意间架结构，初步感受汉字的形体美；努力养成良好的写字习惯，写字姿势正确，书写规范、端正、整洁。 基于这一目标，教师在识字教学过程中，不仅要求学生认识字，还要结合学生的心理特点，以多种方式识字，通过课堂主渠道的识字教学，构建学生系统的识字体系，促进学生形象思维和逻辑思维的发展。			

续 表

与本学期相联系的国家课程标准陈述	良好的写字习惯是写好汉字的基础。教师不但要重视学生写字姿势的指导，更要指导学生掌握基本的书写技能，要引导学生归类总结写字规律，构建写字的系统思维。学生通过学习汉字，初步感受汉字所体现出来的形体美，体会中华文化的博大精深，增强文化自信，这也是我们在识字和写字教学中渗透的情感目标。 阅读是学生运用语言文字获取信息、认识世界、发展形象思维和逻辑思维、获得审美体验的重要途径。基于第一学段课标的要求，教师要做好课内阅读的具体指导和课外阅读的详细引领，充分利用文本，在理解文本的基础上，提倡多角度、有创意地阅读。阅读教学要由课内延伸到课外，帮助学生挑选符合学生年龄特点和心理发展特点的、积极向上的、能够正确引领学生价值观的课外读物，引导学生进行整本书的阅读，通过开展各种形式的阅读实践活动，培养学生的读书兴趣，使其初步形成独立思考的能力。 写话是语文综合能力的提升，是引导学生学语文、用语文的有效途径。写话教学既要有兴趣的引领，又要有能力的培养与提升。在教学中，教师既要结合学生的生活实际和阅读实际充分创造条件，让学生有表达的欲望，又要创造性地使用教材，从观察、思维、表达上加强对学生写话的指导，让写话既有法可依，有章可循，又不拘一格，活泼自由，写自己想说的话、想表达的事物
课程标准教材学情综合分析	课程标准： 1.喜欢学习汉字，有主动识字、写字的愿望。 2.认识常用汉字1600个左右，其中800个左右会写。 3.掌握汉字的基本笔画和常用的偏旁部首，能按笔顺规则用硬笔写字，注意间架结构，初步感受汉字的形体美。 4.努力养成良好的写字习惯，写字姿势正确，书写规范、端正、整洁。 5.学会汉语拼音。能读准声母、韵母、声调和整体认读音节。能准确地拼读音节，正确书写声母、韵母和音节。认识大写字母，熟记《汉语拼音字母表》。 6.学习独立识字。能借助汉语拼音认读汉字，学会用音序检字法和部首检字法查字典。 教材： 本册教材没有设置专题，而是识字和课文穿插进行。但是，每个单元的内涵都比较广，避免了教材内容的局限性。每组教材把语文知识、能力、方法、习惯、情感态度、价值观融为一体，从而从整体上提高语文素养。每组包括“识字”“课文”“口语交际”“语文园地”和“快乐读书吧”。各部分相互联系，构成一个有机的整体。识字课形式多样，包括四字词语组成的韵语、《新三字经》、对子歌、儿歌、谜语、数量词组成的韵语、谚语等多种形式。

续 表

<table>
<tr><td>课程标准教材学情综合分析</td><td colspan="4">“语文园地”包括五个栏目：识字加油站、字词句运用、书写提示、日积月累、和大人一起读。最后是两个生字表（表一是要求会认的字，表二是要求会写的字）。
本册教材中汉字的编排继续实行认写分开、多认少写的原则。全册要求认识400个常用字，会写200个字。要求认识的字和要求会写的字分别在练习里标明。此外，在“语文园地”里也安排了少量要求认识的字。
学情：
一年级学生正处于学习启蒙阶段，通过一年级上学期的学习，大部分学生已经基本掌握了汉语拼音的读写，以及正确地拼读音节、学读轻声。在读写分开、多认少写的原则上，学生已认识300个生字，会写100个生字。能根据一定的情境或看图，用普通话讲清一件简单的事。在阅读方面也能正确地朗读、背诵指定课文，能联系课文及生活实际理解常用词语和句子的意思，认识了句号、感叹号、问号，并能读出陈述、疑问、感叹的语气。通过一个学期的学习，学生也养成了良好的学习习惯，能掌握正确的读书姿势、写字姿势和握笔方法，养成了爱惜学习用品的良好习惯等</td></tr>
<tr><td>课程目标</td><td colspan="4">1.通过识字、写字学习，至少能准确认读483个生字，按笔顺正确、规范书写至少298个生字，掌握基本笔画和常用的偏旁部首。
2.能正确、流利、有感情地朗读课文，背诵指定的课文。结合上下文和生活实际了解课文中词句的意思，想象课文所描绘的情境，知道课文的大意。
3.能借助拼音阅读简单的童话、寓言、故事，喜欢阅读，感受阅读的乐趣，初步培养学生自主阅读的习惯。
4.能运用普通话进行简单的口语交际。在与他人交流时，学习倾听别人的话语，乐于表达自己的想法，提高口头表达能力。
5.能用一两句话写自己想说的内容，写自己对周围事物的认识和感想。学习正确使用逗号、问号、句号、感叹号</td></tr>
<tr><td rowspan="4">学习主题/活动安排</td><td colspan="4">课程内容</td></tr>
<tr><td>教学主题</td><td>单元教学目标</td><td>教学内容</td><td>总课时 96</td></tr>
<tr><td>课程纲要学习</td><td>采用教师范读、学生提问、小组交流等方式分享本册课程纲要</td><td>分享课程纲要</td><td>1</td></tr>
<tr><td>习惯篇</td><td>培养学生乐于倾听、勇于发言、认真写铅笔字的好习惯</td><td>不良习惯的纠正，良好学习习惯的唤醒</td><td>2</td></tr>
</table>

续 表

学习主题/活动安排	第一单元	1.运用已有的生活经验、插图、字谜、形声字的构字规律等多种方法认识51个生字和8个偏旁。会写28个生字和2个笔画，知道全包围结构的字“先外后内再封口”的笔顺书写规则并正确书写。 2.通过看图、动作演示、结合具体语言环境理解字或者词语的意思。 3.学习课文，了解中国姓氏文化，背诵《姓氏歌》；朗读描写春天的词语，感受春天的美好，增强环保意识。 4.认真听故事，知道故事讲了哪些内容并借助图片讲故事，做到声音响亮。 5.大声朗读并背诵音序表。跟随教师的归类练习说出前后鼻音的读音	课文1~4课	8
			口语交际	1
			语文园地一	2
			快乐读书吧	1
	第二单元	1.利用熟字比较法、字理识字法、熟字加偏旁及形声字的构字规律认识58个生字和5个偏旁。会写3个新笔画和27个生字。在田字格中注意占格准确。 2.范读、跟读带有轻声的词语，范读、跟读、对读偏正关系的短语并积累，进而借助停顿符号读好长句子。 3.通过对比朗读、联系上下文体，会用反复表现的方法，读好感叹句；通过范读、模仿教师和同学的语气语调读好问句。 4.借助图片、视频资料理解课文内容，学会找出文中明显的信息，提取关键信息，理解文章内容和表达的情感	课文1~4课	8
			语文园地二	2
	第三单元	1.通过加一加、比一比，利用形声字的特点、组词的方法认识33个生字、3个偏旁和4个多音字。利用辅助线发现左窄右宽字的各部件关系及字的穿插关系，归类指导同偏旁的字，会写20个生字。 2.通过联系上下文了解“孤单”“快乐”“独自”“有劲”等词语的意思；通过对比朗读、联系上下文、揣摩心理初步了解“偷偷地”“飞快地”等描述动作、情状的词语；积累意思相对的词语和动宾结构的词语（表示游戏活动）。	课文5~7课	6

续表

学习主题/活动安排	第三单元	3.圈出带有“不”“一”的词语，示范读好“不”的变调，根据第一册《秋天》的学习，读准“一”的变调。通过想象画面、进入情境、角色体验读好课文，初步体会诗歌的情趣，读出自己的感受。 4.懂得在遇到困难时可以寻求别人的帮助，在不同情境下会使用合适的礼貌用语，能大致讲清楚自己的要求。 5.学习正确使用查字典的方法，学会用音序查字法查字典，养成独立识字、在学习中勤查字典的习惯	口语交际	1
			语文园地三	2
	第四单元	1.通过使用随文识字、字理识字、联系生活、熟字组词的方法认识46个生字、4个偏旁；积累与身体部位有关的词，归类识记带有月字旁的字；会写32个生字，了解“点的位置不同，书写先后也不同”的笔顺特点。 2.通过学习“词语连读”和停顿符号读好停顿语句，通过使用“内容分解法”读好长句子，读懂句子所表达的意思，做到正确、流利地朗读课文。运用“读正确、读流利、读出节奏”的读诗三部曲读好《静夜思》和《寻隐者不遇》并背诵。 3.在语境中理解并积累“勇敢”“微笑”等词语的意思，用扩词的方法积累一类字组成的词语，尝试说“×来×去”“ABB式”结构的词语并归类积累。读好带有轻声的词语并积累。 4.通过查阅资料、学课文初步感受端午节的传统文化，体会浓浓的亲情。 5.借助拼音和大人一起读《妞妞赶牛》，边读边想象画面，读好课文，感受绕口令的情趣	课文8~11课	8
			语文园地四	2
	复习检测	整理复习，回顾所学知识	阶段检测	6
	第五单元	1.利用形声字的构字规律认识“蜻”“圆”“操”等57个生字和1个偏旁；继续了解形声字的构字规律，感受形、音、义之间的联系；通过“包字族识字”，进一步感受字族识字的特点；根据结构归类书写“间”“古”等28个字，了解不同结构的字的不同书写特点。	识字5~8课	8

续 表

学习主题/活动安排	第五单元	2.通过借助图片或者联系实际理解“严寒”“酷暑”“和风”“细雨”“朝霞”“夕阳”“莺歌燕舞”“鸟语花香”等词语并积累，想象对韵歌中描绘的画面，感受自然之美、四季之美；通过学习《三字经》的两个片段，了解中国的传统文化。 3.运用对读、拍手歌的形式以及不同的节奏诵读童谣、对子、儿歌、传统蒙学等不同形式的韵语，达到熟读成诵	口语交际	1
			语文园地五	2
	第六单元	1.利用形声字的构字规律、在语境中随文识字、字理识字的方法认识本单元37个生字和1个偏旁，注意从生活中识字，读准1个多音字，会写21个生字。 2.通过图文结合、联系生活实际、做动作的方式理解“浮萍”“踪迹”“摇篮”“躺”“展开”“潮湿”“阴沉沉”“闷得很”等词语的意思。 3.能正确、流利地朗读课文。通过角色体验、创设情境的方式读好带“呢”“呀”“吧”的问句和感叹句，读好小水珠、小蜻蜓、小青蛙和鱼儿的对话，进而读出儿童诗的韵味；分角色读好《要下雨了》文中的对话；通过以词带句的方式读出古诗的节奏，做到熟读成诵。尝试依据课文的句式相近、段落反复的结构特点背诵课文。 4.学习“荷叶圆圆的，绿绿的”这种句子的多样表达，学习并仿照句式说话，积累文中的比喻句；通过扩写句子，学习把一个简单的句子说具体；积累与夏天有关的词串、有关气象的谚语	课文12~14课	6
			语文园地六	2
	第七单元	1.通过加一加、减一减、换一换、组词的方法认识59个生字和2个偏旁，学习四点底的写法，通过归类的方法写好27个生字；掌握半包围结构（左上包围和右上包围）字的笔顺规则。 2.联系上下文和生活经验理解“平平安安”“后悔”等词语的意思，运用组词的方法继续积累词语；会用“掰”“扛”“扔”“摘”“捧”“抱”等动词说话。朗读并积累关于学习的名言。	课文15~18课	6
			口语交际	1

续 表

<table>
<tr><td rowspan="5">学习主题/活动安排</td><td>第七单元</td><td>3.借助插图、故事情节反复的特点读懂长课文，从而根据课文信息做简单推断。通过角色体验，读好疑问句和表示命令的祈使句，了解告知一件事情时，需要说清楚时间、地点等要素；能根据问题提取、整合信息，推断事情的原因、结果。
4.初步养成乐于交往、友善待人的交往意识和行为习惯，在交际互动中初步学习条理表达</td><td>语文园地七</td><td>2</td></tr>
<tr><td rowspan="2">第八单元</td><td rowspan="2">1.借助图画、形声字形旁表义和声旁表音的特点，联系上下文猜字、了解字义的方法认识37个生字和3个偏旁，继续巩固掌握半包围结构字的书写笔顺规则，会写21个生字。
2.创设情境，体验角色，读好对话，读出祈使句请求的语气。能带着问题边读边思考，继续训练根据信息做简单推断的能力。借助连环画理解课文内容，能复述故事的主要情节。
3.通过学习，初步体会“ABAB式”结构短语的表达效果，并积累和运用；练习“碧绿碧绿的”“雪白雪白的”，并用这类词说一个或几个偏正关系的短语。
4.结合生活情境，体会“高兴”“生气”“害怕”“难过”四种不同心情，并进行说话练习</td><td>课文19~21课</td><td>6</td></tr>
<tr><td>语文园地八</td><td>2</td></tr>
<tr><td>期末复习</td><td>师生共同整理复习，完成期末检测</td><td>期末复习与评估</td><td>10</td></tr>
<tr><td colspan="4"></td></tr>
<tr><td rowspan="3">评价活动/成绩评定</td><td>评价项目</td><td>评价要素</td><td colspan="2">评价标准</td></tr>
<tr><td rowspan="2">课堂表现（10分）</td><td>能在课前做好预习工作；上课积极思考教师提出的问题，主动发言并能完整表达想法</td><td colspan="2">A.好（4~5分）
B.较好（2~3分）
C.一般（1分）</td></tr>
<tr><td>按时并独立完成书面练习，不懂就问，书写认真，字迹清楚，写字姿势正确，错题少</td><td colspan="2">A.好（4~5分）
B.较好（2~3分）
C.一般（1分）</td></tr>
</table>

续 表

评价活动/成绩评定	语文实践活动表现（10分）	识字评价：利用生活中的商标、剪报、课外读物等展示并认读自己识得的字，评选出“识字小能手”	A.好：读错5个字以内（4分） B.较好：读错6~20个字以内（3分） C.一般（1~2分）
		阅读评价：每学期检查“阅读存折”两次，完成读写绘作品两幅，评选出“阅读小能手”	A.好（3分） B.较好（2分） C.一般（1分）
		写话评价：根据8次写话练习的质量情况，评选出“写话小能手”	A.好（3分） B.较好（2~3分） C.一般（1分）
	平时检测表现（10分）	能正确、流利、有感情地朗读课文，正确背诵指定课文	A.好（4~5分） B.较好（2~3分） C.一般（1分）
		每个单元以试卷的形式，针对本单元的字词和课文的掌握情况以及对所学知识的灵活运用进行调研测试	A.优秀（5分） B.良好（4分） C.及格（3分） D.需努力（1~2分）
	结果性评价以综合纸笔测试为准		
主要参考文献	《义务教育语文课程标准（2011年版）》 《普通高中语文课程标准（2017年版）》		
备注			

表2　单元教学方案

<table>
<tr><td>单元名称</td><td>统编语文教材一年级下册第一单元</td><td>学科（领域）</td><td>语文</td><td>总课时</td><td>12</td></tr>
<tr><td>年级</td><td>一年级</td><td>班额</td><td>44人</td><td>课程类型</td><td>学科课程</td></tr>
<tr><td>设计者</td><td colspan="5">方荣梅　杨晓丽　董　敏</td></tr>
<tr><td>背景分析</td><td colspan="5">基于学科课程标准的陈述与分析：
识字与写字是阅读和写作的基础，《义务教育语文课程标准（2011年版）》第一学段关于识字与写字的要求是：喜欢学习汉字，有主动识字、写字的愿望；认识常用汉字1600个左右，其中800个左右会写；掌握汉字的基本笔画和常用偏旁部首，能按笔顺规则用硬笔写字，注意间架结构，初步感受汉字的形体美。
基于以上要求，在识字教学过程中，以具体生动的图片、动画资料、熟悉的生活经验、熟知的语言因素引导学生通过多种机会、多种方式识字，从字源上了解汉字的形成，在有根有据的猜想中发展学生的逻辑思维；通过不同角度的归类识字构建学生的系统思维。在识字过程中构建学生系统的识字体系。
规范写好汉字是写字教学的基本要求，一年级下学期仍然处在写字的起步阶段，要加强写字指导，打好写字基础。教师要充分利用好田字格，指导学生观察基本笔画的占格和间架结构的特点，引导学生发现其普遍的规律，总结写字规律，让写字变得有章可循，提高书写技能，促进写字能力的提升。
通过识字与写字教学，不仅让学生掌握汉字的音、形、义，还要通过学习汉字，使其初步感受汉字表现出来的形体美，初步理解并认同中华传统文化，热爱中华传统文化，自觉继承中华传统文化。
教材分析：
本单元是本册第一个识字单元，识字写字是本单元的重点，包括《春夏秋冬》（看图识字）、《姓氏歌》（韵语识字）、《小青蛙》（字族文识字）、《猜字谜》（字谜识字）四种识字课，既体现了识字的多样性，又充满了传统文化色彩。一年级上册的识字学习为本单元的学习奠定了基础。在本单元教学中要充分利用文本的特点，借助图片、形声字的构字特点、韵文的特点，帮助学生建立汉字音、形、义之间的联系，在识字中潜移默化地引导学生了解汉字文化，热爱中华传统文化；在诵读儿歌、韵文中培养学生的朗读能力和语感。</td></tr>
</table>

续 表

背景分析	学情分析： 通过一年级上学期的学习，学生已经认识了300个生字，会写100个生字，掌握常用偏旁36个，了解了反义词识字、对对子识字、象形字和会意字识字等识字方法，初步接触了形声字，具有一定的识字基础。本单元教学中引导学生运用已经学过的识字方法以及学习的生字、偏旁自主识字，不断培养学生的识字能力
单元目标	1.识字与写字 能利用已有的生活经验、插图、字谜、形声字的构字规律等方法认识51个生字和8个偏旁，会写28个生字和1个笔画。通过学习“青”字家族汉字的特点，体会形声字和合体字的构字规律；会读音序表；了解全包围结构的字“先外后内再封口”的笔顺书写规则。 2.阅读 通过看图、动作演示，结合具体语言环境理解“降”“飘”“青”的意思和文中短语的意思；通过儿歌诵读了解姓氏文化，并能运用合适的方法向别人介绍自己的姓氏。 通过朗读，积累描写春天的词语，感受春天的美好；通过朗读，感受祖国地域的广大；通过“我问你答”互动读，感受与小伙伴友好相处的美好；熟记《姓氏歌》，对中国的姓氏文化产生兴趣。 3.口语交际 通过看图片、听教师讲故事，明白故事内容；能借助图片讲故事，并且做到声音响亮
评价设计	1.认读出示的词语和句子（会认的字组成的词语和放在语境中的句子）。 2.根据谜面猜出带有“青”字家族的字。 3.（1）在田字格里书写生字，做到书写正确、占格准确、页面整洁。（2）请写下全包围结构的字并说出笔顺规则。 4.从字典中找出音序表的大小写字母并读出来，按顺序背诵出汉语拼音字母表。 ［1~4指向单元目标识字与写字（一）1］ 5.做动作演示、看图、联系上下文理解词语及文中短语的意思，背诵韵文。 6.用课文学习的方法向别人介绍自己及家人的姓氏。 7.说出描写春天的词语；朗读《祖国多么广大》，借助地图，找出儿歌中提到的地方；和大人问答读“谁和谁好”，说出他们为什么好，再找一找你身边的谁和谁好，仿照儿歌说一说。 ［5~7指向单元目标（二）阅读2和3］ 8.看图片听故事，借助图片讲故事。 ［8指向单元目标（三）口语交际4］

续 表

<table>
<tr><td rowspan="5">学与教活动设计</td><td>分类</td><td>内容</td><td>课时</td><td>学习活动</td></tr>
<tr><td rowspan="4">识字</td><td>春夏秋冬</td><td>2</td><td rowspan="4">1.识字与写字
识字：
随文出示生字。
借助课文插图、生活经验，运用所学加一加、减一减、换一换的识字方法认识生字。
猜字谜的活动：
小小字谜猜一猜，认识“青”字家族的部分生字，进一步了解形声字的构字规律。
通过“小小火车开起来”“生字超市来认领”“自编字谜”“生字闯关”的活动调动学生的识字兴趣，巩固所认识的44个生字。
写字：
（1）观察字在田字格里的占格和书写时结构（或笔画）的特点。
（2）教师范写，指导学生在田字格里规范书写生字。
（3）引导学生用星级评价方式，做到书写正确（一颗星）、占格准确（一颗星）、结构或笔画安排合理（一颗星）。
（4）通过生字的展示评价，修改所写生字。
在课时教学中学习会写的28个生字和1个笔画，开展“我是书写小明星”活动，通过每天、每周、每月组织的评选活动，评出每天、每周、每月的“写字小明星”，并将作业本进行展示，调动学生规范、认真书写的积极性。
2.阅读
利用做动作演示、看图、联系上下文的方式说一说文中词和短语的意思。
做动作演示“降”“飘”。
看图：说一说夏雨落、秋霜降、冬雪飘、池草青、鱼出水、鸟入林分别是什么。
3.结合句子“保护禾苗吃害虫，做了不少好事情”，理解“保护”的意思</td></tr>
<tr><td>姓氏歌</td><td>2</td></tr>
<tr><td>小青蛙</td><td>2</td></tr>
<tr><td>猜字谜</td><td>2</td></tr>
</table>

续 表

<table>
<tr><td rowspan="8">学与教活动设计</td><td>识字</td><td>猜字谜</td><td>2</td><td>4.开展问答读的方式了解姓氏
问答读《姓氏歌》，说一说自己所知道的姓氏，找一找《百家姓》中自己熟悉的姓氏。
运用比较的方式，了解单姓和复姓的不同，联系历史人物认识复姓。
用分解部件、说偏旁、组词的方法分别向别人介绍自己和同学的姓氏。
5.拍手朗读课文，积累语言
这四篇课文节奏感强，朗朗上口，学生拍手有节奏地互读，熟读成诵</td></tr>
<tr><td>口语交际</td><td>听故事，讲故事</td><td>1</td><td>开展听讲故事的活动
要求：
（1）看图，认真听教师讲故事，边听故事，边用手指出相应插图。
（2）根据故事情节帮图片排序，借助排好序的图片自由练讲、同桌互讲故事，然后展示讲故事。
（3）评一评：你认为谁讲的故事好？
评价标准：故事情节完整（一颗星）；声音响亮（一颗星）；态度大方自然（一颗星）</td></tr>
<tr><td rowspan="5">语文园地一</td><td>识字加油站</td><td rowspan="5">3</td><td rowspan="5">1.识字与写字
开展“我是气象播报员”活动，播报天气，调动学生的识字兴趣。
出示天气符号和文字连线，巩固识字。
观察全包围结构字的特点，观察书写顺序，明确“先外后内再封口”的笔顺规则。
2.认识字母表
开展“字母大闯关”活动，出示闯关要求：
（1）能够正确认读字母。
（2）能按顺序背诵字母表。
（3）能正确书写字母表。
3.积累文中四字词语
读词语，想象画面，积累描写春天的词语。
4.积累语言
借助拼音朗读《祖国多么广大》，从地图中找出儿歌中的地方，了解祖国的伟大。和大人问答读“谁和谁好”，了解谁和谁好，为什么好？再找一找你身边的谁和谁好，仿照儿歌说一说</td></tr>
<tr><td>字词句运用</td></tr>
<tr><td>书写提示</td></tr>
<tr><td>日积月累</td></tr>
<tr><td>和大人一起读</td></tr>
<tr><td colspan="2">合计</td><td>12</td><td></td></tr>
</table>

表3 《姓氏歌》课时教学方案一

<table>
<tr><td>课时名称</td><td>姓氏歌
（第一课时）</td><td>设计者</td><td>方荣梅 杨晓丽 董 敏</td></tr>
<tr><td>学习目标</td><td colspan="3">1.能通过加一加、组词、儿歌诵读等方法认识“姓”等12个生字，认识“弓字旁”“走字旁”“金字旁”3个偏旁，会写“姓”字。
2.能借助汉语拼音正确朗读课文，背诵课文。
3.能仿照课后例子，采用问答的形式，利用合适的方法互相介绍自己的姓氏，对中国的姓氏文化感兴趣</td></tr>
<tr><td>评价任务</td><td>评价标准</td><td colspan="2">教学活动</td></tr>
<tr><td>1.读出下面字卡并说出自己的识字方法。

2.用加一加、说偏旁或组词的方式介绍自己的姓氏</td><td>1.能正确认读并说出识字方法（☆）

2.能用一种方法介绍（☆）
3.能用2～3种方法介绍（☆☆）</td><td colspan="2">1.边读儿歌边圈出要求认读的生字并读一读。以各种形式朗读儿歌，在朗读中识字。
2.说一说文中出现了哪些姓氏。
（1）出示字卡：李、张、胡、吴、许、徐。
师生开展问答活动，边出示边重点认读生字，总结识记方法：加一加、说偏旁的方法。
拓展练习：介绍自己的姓氏。
（2）出示字卡：赵、钱、孙、周、王。
说说这些姓氏中哪些是我们班的同学中有的，哪些是刚刚认识的。
（3）认识复姓并拓展其他的复姓。出示：诸葛、东方、上官、欧阳。交流发现：在中国的姓氏中，大部分是一个字，也有两个字的，这样的就叫复姓</td></tr>
<tr><td>同桌互读、问答读儿歌、背诵儿歌</td><td>1.能正确朗读儿歌（☆）
2.能背诵儿歌（☆☆）</td><td colspan="2">1.师生问答、男女生问答等方式朗读、背诵。
2.自由背诵、指名背诵</td></tr>
<tr><td>1.观察“姓”字的结构和占格。
2.在田字格里规范整洁地书写“姓”这个字。
3.写完后，对照评价标准进行评价，然后修改自己的书写</td><td>1.正确书写（☆）
2.结构合理（左窄右宽）（☆）
3.占格规范（“女”字的横压横中线，“生”的第一横写在横中线上）（☆）</td><td colspan="2">1.出示田字格中的“姓”字，并进行观察。
2.从书写正确、结构合理、占格正确方面进行观察。
3.教师范写。
4.学生自由练写。
5.评价修改</td></tr>
</table>

表4 《姓氏歌》课时教学方案二

课时名称	姓氏歌 （第二课时）	设计者	方荣梅 杨晓丽 董 敏
学习目标	会写“什”“么”“双”“国”“王”“方”6个生字，说出国字框的书写规则		
评价任务	评价标准	教学活动	
开火车读生字	读准字音（☆）	1.出示本课要求认读的生字，学生自由读。 2.学生组词	
观察“字宝宝”并按左右结构、独体结构、全包围结构把它们送回自己的家	按照结构正确送回家（☆）	观察生字并分类。 左右结构：什、双。 独体字：么、王、方。 全包围结构：国	
1.观察“什”“双”的结构和占格。 2.在田字格里规范整洁地书写“什”“双”。	1.正确书写（☆） 2.结构合理（左窄右宽）（☆）	1.出示田字格中的“什”“双” （1）从书写、结构、占格方面进行观察。 总结：左右结构，左右等高，左窄右宽。 指导“什”的写法，左窄右宽，注意右边的“十”横平竖直。 出示儿歌，总结左窄右宽的字的写法：左右不等窄让宽，主动避让有礼貌，巧妙穿插多友好。 指导“双”的写法：左右等宽。第二笔是点，第四笔是捺。 出示儿歌：左右等宽向中靠。 （2）教师范写后，学生自由练写，教师巡视并及时指导，学生对照评价标准评价、修改。 2.出示田字格中的“么”“王”“方” （1）从书写、结构、占格方面进行观察。 么：“厶”的折角不要太大，起笔的撇要稍微斜一点。 王：第二横在横中线上，竖在竖中线上。三横之间的距离要相等，最后一横要长。 方：点写在竖中线上，横折钩要注意笔势的变化，起笔在中心点上，末笔一撇要舒展。 （2）教师范写后，学生自由练写，教师巡视并及时指导，学生对照评价标准评价、修改。	

续 表

评价任务	评价标准	教学活动
3.写完后，对照评价标准进行评价，然后修改自己的书写。 4.运用同样的方法学习“么”“王”“方”“国”的书写	3.占格规范（☆）	3.全包围结构：国 （1）从书写、结构、占格方面进行观察。 国：方框要稍微大一些，竖画要直，“玉”字要写得小一点，里面的一竖写在竖中线上，中间一横写在横中线上。 （2）国字框笔顺规则：先外后内再封口。再写“白”“回”强化练习。 （3）教师范写后，学生自由练写，教师巡视并及时指导，学生对照评价标准评价、修改。 4.作品展示。小组评选出优秀作品并在展台展示

表5　《小青蛙》课时教学方案一

课时名称	小青蛙（第一课时）	设计者	方荣梅　杨晓丽　董　敏
学习目标	1.正确朗读儿歌，做到不漏字、不添字、不读错字。 2.能通过字族文识字、字源识字、字理识字、儿歌诵读等多种识字方法认识12个生字和1个偏旁，会写“青”字。 3.能通过看图、动作演示，结合具体语言环境理解“保护”的意思，知道要保护小青蛙		
评价任务	评价标准	教学活动	
1.边读边圈出要求会认的生字，借助拼音读课文。 2.同桌合作读	正确朗读课文（☆）	1.借助拼音读通课文，读懂句子，圈出不认识的字并多读几遍。 2.同桌互读课文	
1.做“生字交朋友”的游戏，帮“青—清、晴、睛、情、请”找朋友。 2.做“青”字变身小游戏。 3.读儿歌《小青蛙》	能正确认读并说出识字方法（☆）	1.出示文中出现的“青—清、晴、睛、情、请”，找出这些字在读音和字形上的相似与不同。 2.通过“师生合作介绍生字”“生字交朋友”两个游戏，反复朗读生字“青—清、晴、睛、情、请”，并说出形声字形旁表义的特点。 3.做一做“青”字族变身的游戏，小组内互说形声字的构字规律。 4.通过儿歌诵读认识“眼”“害”“事”“让”。 5.通过字源识字法认识“病”及病字旁	

续 表

评价任务	评价标准	教学活动
说一说小青蛙做了哪些好事	1.能从课文中找出小青蛙做了哪些好事（☆） 2.能说出如何保护小青蛙（☆☆） 3.能拓展到课本之外举出有关保护的例子（☆☆☆）	结合句子“保护禾苗吃害虫，做了不少好事情”，小青蛙做了什么好事情，你知道吗？如小青蛙吃害虫，它把害虫都消灭光，禾苗就能健康成长。让学生明白小青蛙的行为就是保护。 小青蛙做了这么多好事，我们应该怎样保护它呢？你还保护过什么？说一说
1.观察“青”字的结构和占格。 2.在田字格里规范整洁地书写“青”字。 3.写完后，对照评价标准进行评价，然后修改自己的书写	1.正确书写得一颗星（☆） 2.结构合理（上宽下窄，三横等距）（☆） 3.占格规范（长横写在横中线上）（☆）	1.出示田字格中的“青”字，并进行观察。 2.从书写、结构、占格方面进行观察。 3.教师范写。 4.学生自由练写。 5.对照评价标准进行评价并修改

表6　《小青蛙》课时教学方案二

课时名称	小青蛙 （第二课时）	设计者	方荣梅　杨晓丽　董　敏
学习目标	1.会认会写“清”“晴”“情”“请”“生”“气”6个生字。 2.了解生字的结构特点，掌握左右结构的字的书写规律		
评价任务	评价标准	教学活动	
能正确读出课文中的12个生字	1.能读准字音（☆） 2.能正确组词（☆☆）	1.出示本课要求认读的生字，学生自由读。 2.学生组词	
把“清”“晴”“情”“请”“生”“气”按结构分类	能正确按结构分类（☆）	观察生字并分类。 左右结构：请、清、晴、情。 独体字：气、生	

续 表

评价任务	评价标准	教学活动
1.观察“清”的结构和占格。 2.在田字格里规范整洁地书写“清”字。 3.写完对照评价标准进行评价，然后修改书写。 4.观察“气、生”的占格并正确书写	1.正确书写（☆） 2.结构合理（左窄右宽）（☆） 3.占格规范（☆）	1.出示田字格中的“清”“晴”“情”“请”字 （1）从书写、结构、占格方面进行观察。 左窄右宽，右边的“青”书写时注意多横等距，四个字的写法一样。每个字中两个部件之间应注意：高低宽窄，右边的“青”写得要窄，紧贴竖中线。 出示儿歌：左右不等窄让宽，主动避让有礼貌，巧妙穿插多友好。 （2）教师范写。重点指导4个偏旁的写法，特别是言字旁的写法以及言字旁中横折提笔画的写法。 这4个字都是左窄右宽的字，偏旁要写得瘦窄。 学生自由练写，教师巡视并及时指导、评价。 2.指导“气”“生”的写法 “气”的写法：在写横斜钩时，横稍斜，不要写成横折弯钩。 “生”的写法：中间的短横写在横中线上，竖写在竖中线上。 一字有多横，中间横要短，下面横要长，多横要等距。 教师范写2个字，学生书写。学生自由练写，教师巡视并及时指导、评价。 3.问题字展示 对书写中学生普遍存在的问题进行展示，针对问题进行修改后，再次与范字比较

《科学（一年级下册）》第一单元整体备课

课程名称：科学

课程类型：国家课程

教材来源：《科学（一年级下册）》，青岛出版社，2019年版

授课对象：小学一年级

授课时间：3课时

设 计 者：王志伟　李景阳　黄　靖

表1　第一单元整体设计

领域	物质科学	教学单元	空气
单元内容编排	本单元编排了3篇课文，分别为《找空气》《认识空气》《纸风车》。 教材还原生活场景，引导学生主动到大自然中观察体验，在放风筝、玩风车等活动过程中认识到大自然中有空气，并且空气是能流动的		
课标分析	课程摘录： 《科学（一年级下册）》第一单元《空气》是小学科学课程标准中物质科学领域的内容。第三个主要概念：空气是一种常见而重要的混合物质。 第三个主要概念中的第一项学习内容：空气具有质量并占有一定的空间，形状随容器而改变，没有固定的体积。一、二年级的学习目标是观察并描述空气的颜色、状态、气味等特征。 活动建议： 本单元为探究空气的起始单元，在寻找空气时，教师要引导学生从身边的各种物品中寻找空气，多种方式感受空气的存在，尤其是在探究固体中的空气时，方法要尽量多样，不拘一格，鼓励创新性的做法；在认识空气特征的时候，利用多种感觉器官进行观察，描述空气的特征，语言要准确；通过制作小风车，让小风车转动起来，感受空气的流动		

续 表

<table>
<tr><th>领域</th><th>物质科学</th><th>教学单元</th><th>空气</th></tr>
<tr><td>教材分析</td><td colspan="3">单元教材解读：

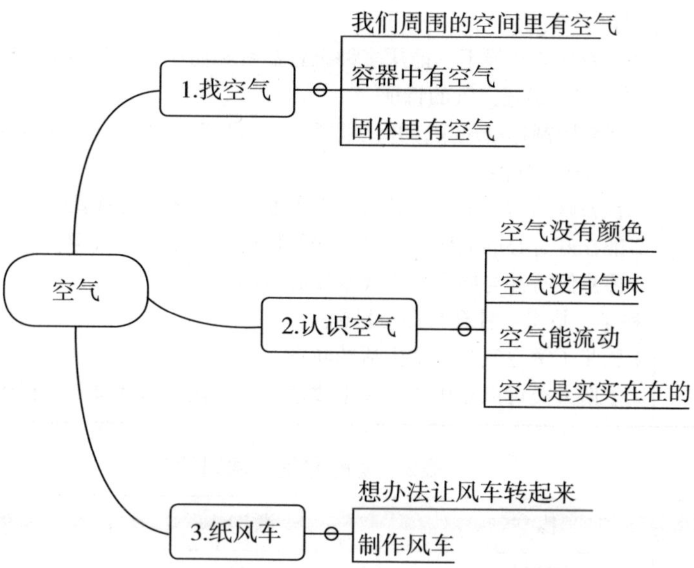

本单元引导学生观察风车转、柳枝摇、风筝飘等生活现象，知道它们与空气密切相关，让学生通过“看一看”“找一找”等探究活动，寻找空气，探索空气的秘密，并进一步利用空气。
学生用简单的器材寻找空气，知道身边的空间中有空气，学习利用各种感觉器官认识空气的特点，并通过制作风车，让风车转起来，体验空气能流动的特点</td></tr>
<tr><td>学情分析</td><td colspan="3">通过半年的科学教材学习，学生对科学课有了初步的认识，并学习了科学的观察方法，部分学生学会了收集简单的资料，大部分学生能够利用学到的观察方法进行有序观察。学生在实验前已具备了提出假设，然后设计实验计划，最后进行实验验证的意识，并且具备了初步的探究能力。学生小组内的合作交流也有了基础。
学生知道我们周围有空气，但是对于哪里存在空气不明确，尤其是在固体、液体中是否存在空气不清晰，对于空气的颜色认识不到位</td></tr>
<tr><td>单元目标</td><td colspan="3">科学知识目标：
1.能通过身边的各种简单器材感知空气的存在，知道我们周围有空气。
2.能利用感觉器官感受到空气是没有颜色、没有气味的，探究空气是能流动的。</td></tr>
</table>

续 表

领域	物质科学	教学单元	空气
单元目标	科学探究目标： 1.在教师的指导下，能简要讲述找空气、认识空气的探究过程，并与同学进行讨论、交流。 2.在教师的指导下，能用多种感觉器官和简单的工具观察空气的特点等，并用语言初步描述空气的特征。 3.能看图制作纸风车，并让纸风车转动起来，体验空气能流动的特点。 科学态度目标： 1.在教师的指导下，尝试从多个角度、运用多种方式认识空气的特点。 2.能在好奇心的驱使下，对空气的特点表现出探究兴趣。 3.愿意倾听并与同学分享找空气的方法。 科学、技术、社会与环境目标： 1.初步了解空气与日常生活的联系。 2.了解人类可以利用风车技术改造自然，让生活环境不断得到改善		

表2 《找空气》课时设计

课题	找空气	课型	实验探究课
学习目标	科学知识目标： 1.通过操作活动，小组合作，找到空气，并说出空气的性质。 2.通过一些固体进行实验探究，在教师的引导下，观察并说出我们周围的空气的性质。 科学探究目标： 1.在教师的指导下，能使用简单的器材进行“证明空气存在”的实验。 2.能借助物体对无法直接观察的空气进行间接观察，证明空气的存在。 科学态度目标： 1.能在好奇心的驱使下，对感知到的空气表现出探究兴趣。 2.能尊重事实，培养用事实说话的意识。 科学、技术、社会与环境目标： 了解空气与人类生活的关系		
评价任务	1.小组合作，学生用扇子扇，感受到脸庞有空气，用塑料袋装空气，说出身边的空间里有空气。 2.小组合作，通过把粉笔、海绵、土块、砖块等放入水里，学生观察到粉笔、海绵、土块、砖块在水中冒泡，说出这些物体里面有空气。 3.在教师的引导下，小组合作，把空杯子竖直倒扣在水中后倾斜，看到水中有气泡冒出，说出像空杯子这样的容器中也有空气，并尝试运用多种方法进行证明。		

续 表

课题	找空气	课型	实验探究课
评价任务	4.在教师的引导下，以及家长的帮助下，验证运动服、羽绒服和毛衣三种衣服中，哪种衣服里面的空气多		
教学重、难点	教学重点： 用材料找到空气，知道周围的空间里处处有空气。 教学难点： 用多种方法证明容器中有空气		
材料准备	教师准备：PPT、扇子、粉笔、砖块、土块、海绵、塑料袋、烧杯、水槽等。 学生准备：课本、铅笔		

教学过程		
教学环节	教学活动	评估要点
（一）导入新课	小魔术导入：出示一个拧紧盖子的空矿泉水瓶，让学生想办法将其压扁，引导学生提出问题。 依据问题，揭示课题：找空气 （板书课题：找空气）	
（二）找一找空气	评价任务一：小组合作，学生用扇子扇，感受到脸庞有空气，用塑料袋装空气，说出身边的空间里有空气。 1.说一说哪里有空气。 2.根据生活经验，找一找周围哪里有空气，学生充分表述。 3.学生用扇子扇一扇，能感受到脸庞有空气，将塑料袋上下移动，并迅速把袋口攥紧，看到塑料袋膨胀，用手轻按，有一种鼓鼓的感觉。 小结：我们周围处处有空气	1.学生能找到并说出哪里有空气（☆） 2.学生能用扇子扇，说出脸庞能感受到空气（☆） 3.学生能用塑料袋装住空气，说出看到塑料袋膨胀，用手感觉鼓鼓的（☆）
（三）探究固体里面是否有空气	评价任务二：小组合作，通过把粉笔、海绵、土块、砖块等放入水里，学生观察到粉笔、海绵、土块、砖块在水中冒泡，说出这些物体里面有空气。	

续 表

教学过程		
教学环节	教学活动	评估要点
（三）探究固体里面是否有空气	1.出示粉笔、海绵、砖块、土块等图片，让学生观察，猜想这些物体里面有空气吗? 2.教师演示检验是否有空气的方法：把粉笔放入有水的烧杯中，观察现象；把海绵放入水槽中，观察现象。学生看到粉笔、海绵里有气泡冒出。 3.用同样的方法，将砖块、土块放入水中，观察现象。 小结：通过实验，我们知道粉笔、海绵、砖块、土块等固体里也有空气	1.学生通过观察图片，能大胆猜想有空气（☆） 2.教师演示，学生说出看到粉笔和海绵放入水中，有气泡冒出（☆） 3.会用同样的方法将砖块、土块放入水中，说出看到有气泡冒出（☆）
（四）用多种方法证明容器里有空气	评价任务三：在教师的引导下，小组合作，把空杯子竖直倒扣在水中后倾斜，看到水中有气泡冒出，说出像空杯子这样的容器中也有空气，并尝试用多种方法进行证明。 1.学生猜想空烧杯中有无空气。 2.教师做演示实验：把杯子竖直倒扣入水中，然后在水中把杯子慢慢倾斜，学生观察现象。 小结：发现杯子中有气泡冒出，说明杯子中也有空气。 3.在教师的引导下，学生尝试运用多种方法证明杯子中有空气。 总结：我们周围有空气	1.教师演示实验，学生说出看到有气泡冒出的现象（☆） 2.学生能说出两种以上方法，并证明杯子里有空气（☆）
（五）哪种衣服里面空气最多	评价任务四：在教师的引导下，以及家长的帮助下，验证运动服、羽绒服和毛衣三种衣服中，哪种衣服里面的空气多。 1.在教师的引导下，观察并猜测运动服、羽绒服和毛衣三种衣服中，哪种衣服里面空气最多。 2.在家长的帮助下，试一试，将衣服分别放入盛有水的水盆中，观察现象	学生能够猜测并验证哪种衣服里空气最多（☆）

续 表

教学过程		
教学环节	教学活动	评估要点
板书设计	找空气 固体里有空气 → 我们周围有空气 空烧杯里有空气	

《音乐（二年级下册）》课程纲要

课程名称：音乐

课程类型：国家课程

教学材料：《音乐（二年级下册）》，湖南文艺出版社，2014年版

授课对象：小学二年级

授课时间：28课时

设 计 者：李晓丽　张　杰　康　巍

【背景分析】

本册教材主要针对二年级学生，由于二年级下学期的学生已经具备一定的音乐基本素养，因此在音乐活动中不仅要有音乐游戏，更要有音乐理论知识的教授。音高、节奏及正确的演唱姿势和演唱方法是本学期的重点，引导学生将音乐知识串联起来，能根据一个音乐要素关联其他学过的歌曲。

【课程目标】

（1）丰富情感体验，培养学生对生活积极乐观的态度，能跟随音乐做出相应的体态律动。

（2）培养学生的音乐兴趣，能够用正确的姿势、自然的声音大方地独唱或参与齐唱、合唱，能够对教师的指挥做出正确反应。

（3）提高学生的音乐基本素养，并能用声音、语言、肢体动作表现简单的节奏。

（4）通过音乐要素，能在之前学过的歌曲之间建立联系，并回忆出来。

【学期课程内容与实施】

表1 学期课程内容与实施

课程内容	课时	实施建议
课程纲要	2	课程纲要分享，翻阅整本书
第一课	2	1.（演唱）《多快乐呀，多幸福》 2.（音乐知识）小节、小节线、终止线 3.（歌表演）《小春笋》 4.（听赏）《快乐的诺苏》
第二课	2	1.（歌表演）《小乌龟飞上天》 2.（演唱）《粗心的小画家》 3.（音乐游戏）“你拍，我拍，真快活”
第三课	2	1.（演唱）《洋娃娃和小熊跳舞》 2.（音乐知识）节奏记号× ×、× 3.（演唱）《布娃娃弹琴》 4.（听赏）《跳圆舞曲的小猫》
第四课	2	1.（演唱）《箫》 2.（听赏）《紫竹调》 3.（演唱）《排排坐》
第五课	3	1.（演唱）《咏鹅》 2.（音乐知识）反复记号二 3.（演唱）《老爷爷赶鹅》 4.（听赏）《四小天鹅舞曲》
第六课	2	1.（演唱）《六一的歌》 2.（音乐游戏）“密码传递” 3.（集体舞）《唱起来，跳起来》 4.（听赏）《加伏特舞曲》
第七课	2	1.（演唱）《凤阳花鼓》 2.（听赏）《鸭子拌嘴》 3.（认识乐器）木鱼
第八课	2	1.（综合表演）《黄鼠狼拜年》 2.（认识乐器）小锣
第九课	3	1.（歌表演）《螃蟹歌》 2.（演唱）《数蛤蟆》 3.（声音表现）《小乐器讲故事》

续 表

课程内容	课时	实施建议
第十课	2	1.（演唱）《牧羊女》 2.（听赏）《口哨与小狗》 3.（读谱歌唱）《王老先生》
第十一课	2	1.（演唱）《月圆曲》 2.（听赏）《月亮河》 3.（听赏与跟唱）《静夜思》 4.（听赏）《美丽的夏夜》
第十二课	2	音乐夏令营

【课程评价】

（一）评价方式

本学期的课程评价由过程性评价和结果性评价两个部分组成，成绩以星级计算，满分10颗星。

学期总评成绩=过程性评价（5颗星）+结果性评价（5颗星）。

1. 过程性评价（50%）

过程性评价成绩（5颗星）=常规评价（3颗星）+单元评价（2颗星）。

（1）常规评价（30%）。

常规评价主要关注学生的课堂学习表现，共有五个项目（见表2），每项1颗星，由学生自评与教师评价组成，满分10颗星。

表2　学期常规评价表

序号	项目	学生自评	教师评价
1	认真上课		
2	主动参与班级音乐活动		
3	能在课堂上大方地表演		
4	能流畅地演唱歌曲		
5	能背唱规定曲目		

此项成绩以30%权重计入总评。如生A在本表中共获9颗星，则其常规评价得分为2.7颗星。

（2）单元评价（20%）。

教师在每单元复习与巩固课上随机挑选歌曲，通过提问、讨论、抽唱等方式检查学生学习达成度。每个单元满分10颗星，以10个单元的平均成绩作为单元评价成绩。

此项成绩以20%权重计入总评。如生A在10个单元的成绩分别为8颗星、10颗星、10颗星、10颗星、6颗星、8颗星、10颗星、10颗星、10颗星、8颗星，则其平均成绩为9.3颗星，其单元评价得分为1.86颗星。

2. 结果性评价（50%）

此项成绩以50%权重计入总评，即满分为5颗星。

学生分三个小组完成课本第50~51页“新年联欢会”活动（50%），由教师依据其表现进行评定。此活动共有8个项目，每项满分10颗星、合格6颗星，以8个项目的平均成绩作为最终成绩。

此项成绩以50％权重计入总评。如生A在8个项目的成绩分别为8颗星、8颗星、10颗星、10颗星、6颗星、8颗星、10颗星、8颗星，则其平均成绩为8.5颗星，其最终得分为4.25颗星。

（二）评价结果呈现

学期总评成绩以等第呈现，共分为四个等第。等第与星级的换算如下：优秀（≥9颗星）、良好（7~8颗星）、合格（6颗星）、需努力（<6颗星）。

综上，在本学期的课程学习中，生A的学期总评成绩为：2.7+1.86+4.25=8.81颗星，四舍五入后为9颗星，最终成绩为优秀。

【单元教学设计】

表3　二年级下册音乐第九课分析

单元名称	音乐　湖南文艺出版社　二年级下册　第九课
年级	二年级
设计者	李晓丽　张　杰　康　巍
背景分析	课标分析： 1.体验不同情绪的音乐，能够自然流露出相应表情或做出体态反应；体验并说出音乐情绪的相同与不同。 2.聆听不同国家、地区和不同民族的儿歌、童谣及小型器乐曲或乐曲片段，初步感受其不同的风格。 3.能够用正确的姿势、自然的声音有表情地独唱或参与齐唱。 4.能够配合歌曲、乐曲，用身体做动作，能够与他人合作，进行律动、集体舞、音乐游戏、儿童歌舞表演等活动。 5.认识简单的节奏符号，能够用声音、语言、身体动作表现简单的节奏，用唱名法模唱简单乐谱。 6.能够将儿歌、诗词短句用不同的节奏、速度、力度等加以表现，在唱歌或聆听音乐时即兴地做动作。 7.能够运用人声、乐器或其他声音材料，在教师的指导下，创编1~2小节的节奏音型。 教材分析： 《螃蟹歌》是一首深受学生们喜爱的西南地区童谣。歌曲以简洁、童趣化的语言，形象地描绘了螃蟹的神态。全歌带有浓郁的四川民歌特点，五声徵调式，一段体，四二拍子，曲调清新、活泼。第一句从低八度的“5　56　5　56”跳到高八度的“5　23　5”，使旋律富有动感，第二句与第一句的节奏完全相同，整个歌曲结构严谨，富有对称美。这首童谣的词曲结合得自然统一，虽然有三段歌词，但内容生动、有趣，符合儿童的语言特点，学生唱起来不会感到困难，而是朗朗上口，兴趣盎然。 这首歌曲的歌词生动地描绘了螃蟹夹脚的过程，内容很有情节性和戏剧性。旋律运用了云南的花灯调，非常口语化，很有地方特色。歌曲的第一部分形象地描绘了螃蟹的样子，第二部分描述了螃蟹的大钳子夹住了鹭鸶鸟的脚，鹭鸶鸟努力地挣脱，想要甩掉螃蟹，而螃蟹却紧紧夹住不放，把歌曲推向高潮。最后，鹭鸶鸟不得不求螃蟹哥放了“我的脚”，歌词音调都充满了幽默感。

续 表

背景分析	《数蛤蟆》是一首风趣的游戏歌曲，数蛤蟆是学生很喜欢的活动，学生能在玩中愉快地学习音乐，同时也不乏知识性，在游戏中帮助学生熟悉量词的用法。歌词生动形象，衬词的运用不仅带来了浓郁的民族风格，而且改变并扩充了歌曲结构，充分表达出学生的喜悦心情。 学情分析： 二年级下学期的学生在之前已经学习了× ×× ×××的节奏，虽然之前没有学过××节奏音型，但在《粗心的小画家》中出现了多次，学生已经感受过了。一年级上册和下册课本中分别讲过了反复记号和反复跳跃记号，这次是第一次出现反复记号加结束句。学生对西南地区的童谣了解得不多，在《螃蟹歌》和《数蛤蟆》中，初次感受西南的方言歌曲，应该会比较感兴趣。他们好奇、好动，模仿能力较强，他们对本单元应该非常感兴趣
单元目标	1.通过回忆，掌握之前学过的节奏型：×、××、×–、××××、×××、×××，并在歌曲中熟练地运用。 2.能用方言及响亮的声音，生动有趣地演唱西南地区童谣《螃蟹歌》，与他人合作创造性地表演螃蟹与其他小动物之间的简单故事，从中体验参与边歌边演的乐趣。 3.能用响亮的声音生动有趣地演唱四川童谣《数蛤蟆》，并随着音乐律动与小伙伴合作参与伴唱，能用蛙鸣筒随歌儿伴奏。 4.善于发现生活中的音源，选择用自己喜欢的方式表现生活中和大自然中的声音，能创造性地自制小乐器，与他人合作，表演音乐故事
评价设计	对应目标一： 能回忆起之前学过的节奏型×、××、×–、××××、×××、×××的名称，并能用身体的一个部位（手、肩、腿等）拍打出来。 对应目标二： 1.演唱歌曲时能用自然的、舒服的、好听的声音进行演唱。 2.能跟随本节课的演唱歌曲和律动音乐，做出简单的舞蹈动作。 3.通过听普通话、四川方言两种版本的《螃蟹歌》，能找出“蟹、哥、脚、硬……”8个字发音的不同。 4.能用四川方言跟随演唱《螃蟹歌》。 对应目标三： 1.通过情境的设置来一起将学生带入池塘的情境中，去数一数池塘里面的蛤蟆，引出童谣《数蛤蟆》，按歌曲节奏读童谣（歌词），并随节奏律动。 2.“小蛤蟆蹦蹦跳跳，真可爱。老师这里有一个音阶楼梯，让我们一起去运动一下吧。”出示旋律，找出旋律中所包含的音，并将其在音阶楼梯上一一标识出来。识读音名，按照旋律的走向引导学生顺利地唱出音准。

续 表

<table>
<tr><td>评价
设计</td><td colspan="4">3.教师用铝片琴敲击出旋律，引导学生更好地掌握旋律的走向和变化，更好地、准确地读谱。
4.通过提问的方式，引导学生用轻松活泼、响亮的声音来演唱歌曲，通过跟唱、跟伴奏唱、分小组唱，学会用自己的歌声去表达对小蛤蟆的喜爱和对大自然的热爱。
对应目标四：
1.能走到户外去观察、聆听并记录大自然的声音。
2.能自己制作一件小乐器。
3.能用自制小乐器与他人合作演奏</td></tr>
<tr><td rowspan="3">学与教
活动设计</td><td>课题</td><td>课时</td><td>教学过程</td><td>学习方式</td></tr>
<tr><td>《螃蟹歌》</td><td>1</td><td>1.能回忆起之前学过的节奏型×、××、×–、××××、× ××、×× ×的名称，并能用身体的一个部位（手、肩、腿等）拍打出来。
2.能自己或者通过小组合作完成四二拍1～2个小节的节奏创编。
3.按照节奏读童谣（歌词），模仿教师按照节奏读童谣，并做律动。活动中要让学生充分体会到歌曲生动、有趣的特点。
4.识谱教学，学生从歌曲中找出几个音，并能根据音阶的高低，借助柯尔文手势模唱出来。
5.通过听普通话、四川方言两种版本的《螃蟹歌》，能找出“蟹”“哥”“脚”“硬”等8个字发音的不同。
6.能用四川方言演唱《螃蟹歌》</td><td>自主学习、合作练习、区分体验</td></tr>
<tr><td>《数蛤蟆》</td><td>1</td><td>1.通过动物的叫声复习之前学过的节奏型，重新组合，为新歌的学习奠定基础。
2.通过读童谣、读旋律、跟铝片琴来学唱歌曲《数蛤蟆》。
3.通过跟唱、分句唱，加入音乐律动来表现歌曲，引导学生用轻快、活泼的声音表现歌曲。
4.用固定音型演奏打击乐乐器为伴奏。
5.小组通过唱、打、做三合一的方式来展示歌曲</td><td>自主学习探究、模仿、合作配合、集体展示</td></tr>
</table>

续 表

学与教活动设计	《小乐器讲故事》	1	声音表现《小乐器讲故事》，可以从以下几个环节来进行教学： 1.可引导学生看教材插图说故事，故事中主要讲述了小朋友清早在青蛙声和闹铃声中起床，背着小书包，带着可爱的狗去野外画画、写生的故事。 2.让学生找找故事中闹铃声、青蛙声、小鸟叫声、小雨声、小狗叫声、雷鸣声、大雨声、雨点落在荷叶上的声音，然后分别用不同的声像词模拟出来。教师可以选择一段适合故事情节的音乐，边讲故事，边让学生用人声来模拟故事中的各种声响。 3.向学生介绍打击乐器：鼓、响板、串铃、镲、沙锤、大鼓、蛙鸣筒等，听一听它们的音色，然后选择用它们来模拟故事中的声响。 4.接下来可安排一个学生讲故事，其他学生自主选择小狗、主人、小鸟、小青蛙等角色，并戴上头饰来表现小乐器讲故事。 5.最后在教师的指导下，学生利用生活中的材料自制小乐器，进行音乐表现。如可用废弃的水瓶装上沙子做成沙锤，用塑料袋纸模拟电闪雷鸣的声音，用纸箱做成大鼓等	观察、发现，小组合作，动手制作，模拟表演

表4 《螃蟹歌》教学设计

课时名称	《螃蟹歌》
年级	二年级
设计者	张 杰
课时目标	1.通过节奏型×、× ×、×–、$\underline{\underline{\times\times\times\times}}$、$\underline{\times}\,\underline{\underline{\times\times}}$、$\underline{\underline{\times\times}}\,\underline{\times}$的回忆练习，能自己或小组合作完成四二拍1~2个小节的节奏创编。 2.通过读词、识谱，能发现歌曲中不同的情绪，并做出相应的表情或动作。 3.通过听普通话、四川方言两种版本的《螃蟹歌》，能找出哪些字发音不同，向同学说一说、唱一唱。 4.能用自然、舒适的嗓音演唱歌曲，能随歌曲和乐曲律动，并加入自己的表演

续 表

<table>
<tr>
<td>评价设计</td>
<td>
对应目标一：
1.能回忆起之前学过的节奏型×、× ×、×–、××××、× ××、×× ×的名称，并能用身体的一个部位（手、肩、腿等）拍打出来。
2.能自己或者通过小组合作完成四二拍1～2个小节的节奏创编。
对应目标二：
1.能按节奏朗读歌词，通过读，能发现歌曲表达的不同情绪，并做出相应的表情和动作。
2.通过观察乐谱，找出歌曲中出现了几个音，能借助柯尔文手势或音阶楼梯，用唱名法模唱出来。
对应目标三：
1.通过听普通话、四川方言两种版本的《螃蟹歌》，能找出“蟹”“哥”“脚”“硬”等8个字发音不同。
2.能用四川方言跟随演唱《螃蟹歌》。
对应目标四：
1.能用自然的、舒服的、好听的声音演唱歌曲。
2.能跟随本节课的演唱歌曲和律动音乐，做出简单的舞蹈动作。
3.能自信、大方地上台表演。
（一）评价标准
任务一：完成下面任务的学生，请在对应选项后面画一颗☆
<table>
<tr><td>1.能回忆起之前学过的节奏型×、× ×、×–、××××、× ××、×× ×的名称</td><td></td></tr>
<tr><td>2.能用身体的一个部位（手、肩、腿等）拍打出来</td><td></td></tr>
<tr><td>3.能小组合作完成四二拍1个小节的节奏创编</td><td></td></tr>
</table>
任务二：完成下面任务的学生，请在对应选项后面画一颗☆
<table>
<tr><td>1.能跟随教师按节奏朗读歌词</td><td></td></tr>
<tr><td>2.通过读，能发现歌曲表达的三种不同情绪</td><td></td></tr>
<tr><td>3.能根据不同的歌词与情绪做出相应的表情和动作</td><td></td></tr>
<tr><td>4.通过观察乐谱，找出歌曲中出现了几个音</td><td></td></tr>
<tr><td>5.能借助柯尔文手势或音阶楼梯，用唱名法模唱出来</td><td></td></tr>
</table>
</td>
</tr>
</table>

续 表

<table>
<tr>
<td>评价
设计</td>
<td>
任务三：完成下面任务的学生，请在对应选项后面画一颗☆
<table>
<tr><td>1.听普通话、四川方言两种版本的《螃蟹歌》，能找出“蟹、哥、脚、硬”等8个字发音不同</td><td></td></tr>
<tr><td>2.能用四川方言跟随《螃蟹歌》唱一唱</td><td></td></tr>
</table>
任务四：完成下面任务的学生，请在对应选项后面画一颗☆
<table>
<tr><td>1.能用自然的、舒服的、好听的声音演唱歌曲</td><td></td></tr>
<tr><td>2.能跟随本节课的歌曲和律动音乐，做出简单的舞蹈动作</td><td></td></tr>
<tr><td>3.能自信、大方地上台表演</td><td></td></tr>
</table>
（二）小组评价表
完成下面任务的学生，请小组长在该学生后面画☆，满分五颗星
<table>
<tr><th>姓名</th><th>能小组合作完成四二拍2个小节的节奏创编</th><th>能自信、大方地上台表演</th></tr>
<tr><td></td><td></td><td></td></tr>
<tr><td></td><td></td><td></td></tr>
<tr><td></td><td></td><td></td></tr>
<tr><td></td><td></td><td></td></tr>
</table>
</td>
</tr>
<tr>
<td>学与教
活动设计</td>
<td>
一、课前律动，活跃气氛
师：上课之前请同学们听音乐，跟老师一起做律动。（播放律动音乐）
师：同学们跳得真棒，接下来的40分钟，让我们一起加油好吗？
设计意图：在这一环节中，教师安排了一个节奏感较强的律动热身，在律动中，学生已经不知不觉地进入了学习音乐的状态，也为后面的节奏练习做了铺垫。
二、出示学习目标，读学习目标
设计意图：本环节是告诉学生本节课我们要做什么，让学生们明白在这一节我们要达到一个什么样的目标。
三、复习节奏型，创编节奏
出示节奏型：
×　××　×–　×××、　×××　××××
</td>
</tr>
</table>

续 表

学与教 活动设计	师：你还记得这些节奏型吗？请你拍打出来吧。 师：你可以用我们学过的这些节奏型创编四二拍2个小节的节奏吗？ 先自己用我们的节奏卡摆出1小节，再小组合作完成2小节，完成的同学自己打一下。 （教师巡视，找三个小组的作品贴到黑板上展示一下） 师：好了，同学们，我们一起来打一下这几个小组创编的节奏吧。 师：老师也创编了2小节，看看你们能不能打出来呢。 $\frac{2}{4}$ × ×× × ×× | × ×× × | 师：真不错，老师还创编了词呢，一起边拍边读。 吐 泡泡 吐 泡泡 | 吐 泡泡 吐 | 师：很简单吧！老师要增加难度了，注意看（换节奏 ×× ×）。 师：这个有点难了吧？词也发生变化了，读读试试。没问题吧？！ 师：有一个小动物它特别爱吐泡泡，它是谁呢？我们一起来猜个谜语，看看它是谁。 × ×× × ×× | × ×× × | 有 呀么 有 呀么 哥 呀哩 哥 八 呀么 八 只呀 脚 哟嗬 嗬 师：一起跟老师打着拍子读一读。 师：我们继续看，一起打出来。 ×× ×·× | × ×× ××× | 两只 哟 大 夹 夹 师：还记得×. ×这个节奏吗？在之前的哪首歌中出现过？ （生答：《粗心的小画家》） 

续 表

<table>
<tr>
<td>学与教活动设计</td>
<td>
师：我们一起唱一唱，“小尾巴”记得延长一下。
后边一小节就是我们的吐泡泡，泡泡吐
师：继续往后看，拍打出来。
× ×× ×× | ×·× × |
一 个 硬壳 壳 哟
师：我们再完整读一遍，谜底是什么？你猜出来了吗？（谜底：螃蟹）
设计意图：结合低年级学生的心理特点，运用学生喜闻乐见的猜谜语引入新课，激发学生的学习兴趣。
四、学唱歌曲
1.按照节奏读童谣（歌词）
师：今天我们就来学习这首《螃蟹歌》，我们先玩一个“照镜子”的小游戏，游戏规则是：请你说出和老师一模一样的话，做出和老师一模一样的动作、表情。
（学生模仿教师按照节奏读童谣，并做律动。在游戏中要让学生充分体会到歌曲生动、有趣的特点）
设计意图：让学生通过音乐中塑造的形象，更好地感受美，增强学生的音乐感知能力，并在游戏中边玩边学。
2.识谱，自主学唱
师：我们一起来观察一下乐谱，你能找出这首歌中都有哪几个音吗？
（生：5 6 1̣ 2̣ 3 5 6 1̇）
师：好的，我们把它们放到音阶上来，一起唱一唱吧，你也可以加上柯尔文手势。
师：（唱完一遍，第二行结尾处）唱到这里，你发现了什么？（反复记号）那怎么办？再唱一遍？后边这又是什么呢？写着结束句。结束句是让我们最后的时候再唱，那前边要反复几次呢？有几段歌词就唱几遍。好！那我们继续唱。
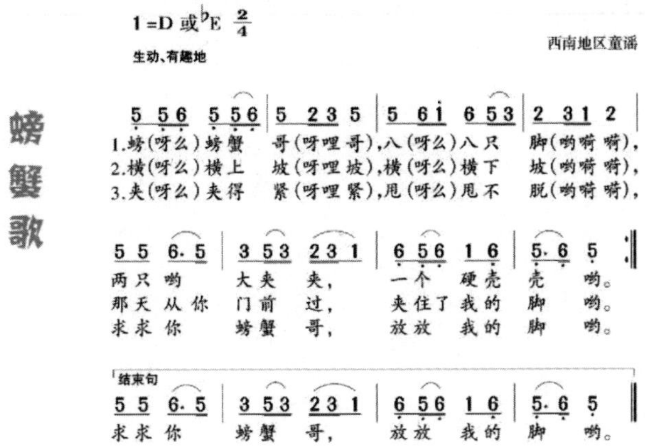

</td>
</tr>
</table>

续 表

学与教活动设计	师：还不错，可以自己加词试一下吗？一起试一试也行。 师：我们跟着音乐唱一次。 师：听同学们唱得这么投入，老师也忍不住想加入你们，现在我们用生动有趣的声音一起唱一下。 3.歌曲接龙游戏 五、学习四川方言，并尝试演唱歌曲 师：同学们，老师这里还有一首四川的小朋友用方言演唱的《螃蟹歌》，请你仔细听听它与普通话的区别。 师：我们一起来读一读吧。 师：同学们，试着用四川话来唱一唱吧。 全班学生用方言演唱歌曲。 六、创编表演 师：《螃蟹歌》很有趣，我们能唱，那我们能不能表演呀？ （提示：可以一人扮演螃蟹并戴上螃蟹的头饰，一人扮演被夹的鹭鸶鸟，其他小朋友唱旁白，随着歌词的发展而编动作） 设计意图：培养学生的合作精神。以学生为主体，让学生在歌曲音乐中自由地创作动作，表达情感，表现音乐。这种表演可以充分培养学生的创造能力和表现能力，符合学生表达情感的特点，学生在学习和表演中充分感受音乐的旋律美。 七、自评、互评，收获成长 这节课我们一起学习了歌曲《螃蟹歌》，你有什么收获？对照你的任务清单，看看你这节课获得了几颗星？小组长也给你的组员评价一下。 设计意图：在本环节，让学生对照自己的任务清单，看看自己每个环节表现得怎么样，给自己画星星，从自我评价中收获成长。同时组长客观的观察与评价也帮助学生了解和发现问题，从而实现蜕变

《道德与法治（二年级下册）》课程纲要

课程名称：道德与法治

课程类型：国家课程

教材来源：《道德与法治（二年级下册）》，人民教育出版社，2020年版

授课对象：小学二年级

授课时间：50课时

设 计 者：吕新英　王秋凤　吴俊娟

【背景分析】

1. 课标分析

《义务教育品德与生活课程标准（2011年版）》（以下简称《课程标准》）中提出的课程总目标是：品德与生活课程（2016年更名为“道德与法治”，课程标准未变）旨在培养具有良好品德和行为习惯、乐于探究、热爱生活的儿童。引导儿童热爱生活、学会关心、积极探究是课程的核心。

敢于尝试新鲜事物是创造型人才的基本素质，是《课程标准》的要求。《课程标准》在设计思路中指出：“动手动脑、有创意地生活是儿童个性发展的内在需要，也是时代提出的要求。它旨在引导儿童学会学习，发展认知能力、动手能力和创造性，利用自己的知识和聪明才智去探究或解决问题，让生活更丰富更美好，并在此过程中充分地展现并提升自己的智慧，享受创造带来的快乐。”

《课程标准》中“愉快、积极地生活”部分要求学生“有应对挑战的信心与勇气”，具体为“敢于尝试有一定难度的任务或活动”（第9条）；在“动手

动脑、有创意地生活”部分要求学生“有好奇心和多样的兴趣”，具体为“对周围环境充满兴趣，喜欢接触新鲜事物”（第2条）。

2. 教材分析

本册教材的教育主题是“有创意地生活”。在前几册“适应与习惯”“共在与共有”的核心教育主题的基础上，本册教材针对“有更强的自主性和创造性”这一时代要求，设立了“有创意地生活”这一核心教育主题，重在引导学生积极、主动地改进与创新生活，使创新意识融于日常生活之中。

本册教材的四个单元分别对应四个主题：日常生活、游戏、环保、学习，引导学生逐步学会观察生活，在具体的生活事件中学习，敢于创新尝试，培育全方位的创新意识，在创新中推动学生成长。

3. 学情分析

小学低年段学生好奇心强，喜欢探索与创新。但由于生理、心理发展都不成熟，没有形成自觉的生活反思意识，因此在生活情境中，对道德意义的及时性理解与领悟能力还有待培养、提高。经过近两年的学习，到了二年级下学期，一些学生的习得性无力感初次出现，迫切需要学习一些克服自己当前学习生活中困难的方法。要注意引导学生在克服困难的过程中磨炼意志、坚定信心、持之以恒，不气馁、不放弃，最终实现一种内在精神的提升，而不只是局限于一些具体的方法、策略指导。

【课程目标】

（1）通过情景表演、讨论辨析、生活实践，意识到消极情绪的危害，在成人的帮助下，能自觉化解自己的消极情绪，创造性地帮助家人和朋友化解消极情绪。敢于尝试新鲜事物，挑战第一次。通过试种一粒籽，培育植物，爱惜生命。

（2）通过读、演、讨论、辨析绘本故事，回望、反思、改进自己的生活，发现自己喜欢的健康游戏，知道游戏的好坏，自觉选择好游戏，乐于学习新游戏。通过采访长辈，了解我国的传统游戏。通过自主收集整理资料，了解其他国家和民族的游戏与玩法，乐于在游戏中创新与探究，知道游戏时的安全事项。

（3）通过自主收集整理资料、观察记录、调查访问，认识生活中的水、空气、纸等各种资源，从而做到节约资源，保护环境。通过观察反思生活、动手实践，学会有创意地生活，有保护环境的意识与行动。

（4）通过情景表演、讨论辨析绘本故事，回望反思改进生活中的自己，培养自信心，正确看待自己，掌握适合自己的学习方法与技巧。积极克服学习中的困难，遇到困难能够坚持，不气馁。总结两年来的成长，乐观向上，制订计划。

【课程内容】

表1　课程内容

单元	课题	栏目	课时
纲要学习	分享本学期课程纲要		1
一、让我试试看	1.挑战第一次	我的第一次 我还想试…… 我们一起来挑战	3
	2.学做“快乐鸟”	我很快乐 也有不开心的事 快乐门诊部 让快乐更多	4
	3.做个“开心果”	这里有个“开心果” 这时我要怎么办	2
	4.试种一粒籽	奇妙的生命 我也来种一粒籽 我们的收获	3
二、我们好好玩	1.健康游戏我常玩	什么游戏我常玩 游戏诊断会 选个游戏玩一玩	3
	2.传统游戏我会玩	传统游戏知多少 看看他们怎么玩	2
	3.我们有新玩法	玩出新花样 我们一起来创造	2
	4.安全地玩	在这里玩安全吗 我是安全警示员 我们的安全提示牌	3

续 表

单元	课题	栏目	课时
三、绿色小卫士	1.小水滴的诉说	我很珍贵 我遭遇了不幸 快来帮帮我吧	3
	2.清新空气是个宝	空气清新真好 我身边的空气好吗 是什么污染了空气 我能做些什么呢	4
	3.我是一张纸	你找到我了吗 我从哪里来 我的苦与乐	3
	4.我的环保小搭档	环保有搭档 展示我的环保搭档	2
四、我会努力的	1.我能行	“大拇哥”送给你和我 我哪里还不行呢 我也能行	3
	2.学习有方法	有方法，算得快 谁能学得好 他们的学习故事 请你帮帮我	4
	3.坚持才会有收获	我们都坚持过 坚持的收获 特殊的较量 一起来，试一试	4
	4.奖励一下自己	我来发个奖 我们的“奖励” 特别的奖项 三年级的期待	4

【课程实施】

（一）课程资源

（1）《道德与法治（二年级下册）》，人民教育出版社，2020年版。

（2）《道德与法治（二年级下册）》教师教学用书，人民教育出版社，

2020年版。

（3）《行知天下·科学艺术与实践（二年级下册）》，中国石油大学出版社，2020年版。

（4）《道德与法治（二年级下册）》视频资源、多媒体资源，人民教育电子音像出版社，2020年版。

（二）学习活动

1. 课前准备

遵照教师的具体要求，结合自己与本地的实际情况，分别采用观察记录生活、调查访问、资料收集整理等方式，准备好课堂学习会用到的相关资料。

2. 课堂活动

主动积极参与课堂讨论交流，敢于表达自己的想法，认真倾听别人的意见，虚心接受他人好的意见和建议。通过学习、体验、回望、反思自己的生活，进而知道自己如何更好地、有创意地生活。

3. 课后延伸

积极参与课后的各项实践活动，自觉将课堂所学的知识、方法用于指导自己的实际生活，反思、改进自己应对、处理生活问题的方法、态度，在实践中将课堂所学落地生根为自己的生活与思维习惯。

4. 习惯养成

结合学校“习惯养成月”活动，重点从课前准备、课堂讨论、作业完成、实践创新等方面养成良好的学习习惯，以及乐于助人、勇于挑战、善于创新、长于坚持、节约环保的道德习惯，人人争当“好习惯代言人”。

5. 主题活动

每月对应一个单元，着力办好一项主题活动。3月：试种一粒籽；4月：创意游戏我会玩；5月：我的环保小搭档；6月：我们的“奖励”。

（三）实施建议

1. 贴近学生生活

道德和做人的教育不同于一般的书本知识学习，不能仅仅通过灌输表面习得，必须引导学生观察生活，逐渐学会有意识地审视生活，慢慢理解接受内蕴于生活中的道德规范，也即在生活中向生活学习。向生活学习包括生活的三个维度：过去的生活、当下的生活与未来的生活。

学习过程中要注意引导学生回忆、整理已有的生活经验，提取其中有道德价值的内容，学会将回望作为向生活学习的一种重要方法论；很多现场的活动体验，包括实践、展示、调查、制作等，需要引导学生用心观察、体会当下，理解道德对于生活的构成性影响；一些针对未来的规划与设计活动是面向学生未来生活的教育，注意引导学生通过对过去生活的反思、对当下生活的学习和对未来生活的向往，逐步体会其中的道德意蕴，真正学会更好地过好当下的生活。

2. 创设活动情境

日常生活总是零散随意的，很难完全按照计划生成。教育需要有目的、有计划地设计一些教育和教学活动，帮助学生在活动中体验感悟、获得成长。

教育中的现场体验活动更多的是针对道德敏感性的培养。创设典型情境、聚焦典型事例、进行典型活动，以此帮助学生逐步形成在活动中发现道理与道德意义的敏感性和能力。在某些特殊情境下，如在道德两难情境、紧急情境和任务驱动的情境下，道德的意义与价值更容易显现出来。某些现实生活中特殊的情境，如地震、火灾以及一些错误的做法等，不能够在真实的生活情境中学习，但通过现场活动体验，可以获得预备知识与技能。创设特定情境，通过演习的方式学会应对、处理类似问题，可以有效避免在现实生活中遭遇此类突发情况时付出不必要的代价。

3. 树立学习榜样

对低年级学生来说，榜样学习可以更好地进行对照式自我反思，激发其模仿的内驱力。不论是真实的榜样还是虚拟的榜样（如童话故事中的英雄人物），都可以成为学生自我激励的源泉。本册教材的学习过程中，不仅要注意用好绘本故事中的榜样形象，更要注意引导学生发现身边的榜样，相互学习，共同成长。

4. 引导辨析反思

批判反思既可以表现为对外在道德权威的超越，也可以是一种道德生活方式，即“日三省乎己”。教学过程中要注意运用好教材中的相关素材，例如，在榜样学习中出现的正反面人物、辨析栏目中正反两方面的做法，借助这些素材，引导学生充分讨论交流，甚至可以进行辩论，帮助学生养成自觉的道德分辨意识，从而形成正确的道德言行观念与标准，以及自我批判与反思的意识。

5. 活用教材绘本

在教学过程中，可以通过学生分角色朗读与绘本故事中的角色进行双向交流，让彼此互动起来；可以引导学生依据绘本进行表演，让静态的绘本动起来、活起来；可以引导学生讨论或续写绘本故事的结局，引发学生思考；可以引导学生用绘本中人物的做法作为参照，反观自己应对处理同类问题的做法，丰富和提升自己的生活经验与体验，指导自己当下与未来的生活，促进自身的道德发展。

【课程评价】

（一）评价方式

本课程评价由过程性评价和结果性评价两部分组成，成绩以等级形式计算。

学期总评成绩=过程性评价（70分）+结果性评价（30分）。

1. 过程性评价（70分）

根据学生实际学习表现分别进行自我评价、小组评价、家长评价、教师评价，评分规则见表2。

表2　评分规则

班级：______　姓名：______							
项目	等级			自我评价	小组评价	家长评价	教师评价
	A等	B等	C等				
课前准备（10分）	依照教师的具体要求，结合自己与本地实际情况，选取合理的方式，充分准备好课堂学习会用到的各种资料	依照教师的具体要求，准备好课堂学习会用到的各种资料	依照教师的具体要求，准备好课堂学习会用到的各种资料				

续 表

项目	等级			自我评价	小组评价	家长评价	教师评价
	A等	B等	C等				
课堂活动（20分）	认真倾听，虚心学习他人好的想法、做法，主动、积极参与小组及课堂讨论交流，勇于表达自己的想法，积极参与小组展示活动，在小组展示中起主导作用	认真倾听，愿意学习他人好的想法、做法，参与小组及课堂讨论交流，能表达自己的想法，在小组展示中起协同作用	能倾听他人的发言，参与小组讨论交流，偶尔表达自己的想法，在小组展示中起配合作用				
课后延伸（10分）	主动积极参与课后的各项实践活动，在实践活动过程中能有意识地应用课堂所学的知识、方法改进自己应对处理生活问题的方法、态度，能够更好地、有创意地生活	认真参与课后的各项实践活动，生活与思维习惯有较大改进	参与课后的实践活动，生活与思维习惯有所改进				
习惯养成（20分）	在课前准备、课堂讨论、作业完成、实践创新等方面都养成了良好的学习习惯，以及养成了乐于助人、勇于挑战、善于创新、长于坚持、节约环保的道德习惯	在课前准备、课堂讨论、作业完成、实践创新等方面基本养成了良好的学习习惯，以及基本养成了乐于助人、勇于挑战、善于创新、长于坚持、节约环保的道德习惯	在课前准备、课堂讨论、作业完成等方面养成了基本的学习习惯，并且乐于助人、勇于挑战、善于创新、长于坚持、节约环保的道德行为有所体现				

续表

项目	等级			自我评价	小组评价	家长评价	教师评价
	A等	B等	C等				
主题活动（10分）	主动、积极参与各项主题活动，在活动中主动探索，能比较深入地进行研究实践，并且取得了优秀的活动成果	参与各项主题活动，在活动中探索比较主动，能进行研究实践，并且取得了较好的活动成果	参与各项主题活动，按要求完成基本活动过程，取得的活动成果一般				

注：

（1）自我评价由学生在自我反思的基础上进行，小组评价、家长评价、教师评价分别由小组同学、家长、教师完成，帮助学生全方位地了解自己，使评价相对更客观、公正，同时也是对学生的全面监督，便于学生养成良好的道德习惯。

（2）在课前准备、课后延伸、主题活动三项中，A等计10分，B等计8分，C等计6分。在课堂活动、习惯养成两项中，A等计20分，B等计16分，C等计12分。每个项目取自我评价、小组评价、家长评价、教师评价的平均分值计入总分，五项加起来的分数便是过程性评价的分值，最高70分。

2. 结果性评价（30分）

期末测评主要以综合纸笔测评分为准。

（二）评价结果呈现

以等第呈现，共分为四个等第。等第与分值的换算如下：优秀（≥90分），良好（75~89分），合格（60~74分），需努力（<60分）。

《道德与法治（二年级下册）》课程标准校本化解析

课程名称：道德与法治

课程类型：国家课程

教材来源：《道德与法治（二年级下册）》，人民教育出版社，2020年版

授课对象：小学二年级

授课时间：60课时

设 计 者：吕新英　王秋凤　吴俊娟

表1　《道德与法治（二年级下册）》课程标准校本化解析

课程目标	课程内容			校本化学习目标
	一级目标	二级目标	三级目标	
初步了解生活中的自然、社会常识	健康、安全地生活	有初步自我保护意识和能力	在使用玩具、设备进行活动时，遵守规则，注意安全	在具体情境中学习辨析有益于健康的游戏，会选择适当的时间、地点和场所，树立健康玩游戏的观念
				结合具体情境，能根据自身情况及游戏条件、天气状况、小伙伴游戏水平等因素，选择合适的游戏，玩游戏能适可而止，从而玩得健康、有益、开心
			不到危险地方去玩，避免意外伤害	结合具体情境，能够有创意地玩游戏，初步学习体验有创意的生活；喜欢玩合作类游戏，学会欣赏对手，向对手学习；喜欢玩益智类游戏，在游戏中开动脑筋，推动思维发展

续 表

课程目标	课程内容			校本化学习目标
	一级目标	二级目标	三级目标	
初步了解生活中的自然、社会常识	健康、安全地生活	有自我保护意识和能力	了解当地多发的自然灾害的有关知识，知道在紧急情况下的逃生或求助方法	结合具体情境，学会从游戏场地、不遵守游戏规则的行为后果、天气因素等多角度分析、思考、判断游戏的安全性，会识别生活以及游戏中的安全隐患，自觉地远离危险，形成安全地生活与游戏的意识
				通过争当“安全警示员”、制作安全提示牌等活动，关注公共生活安全问题，形成关心他人安全的意识与责任感
				结合具体情境，学会关注自己身边的空气质量，会根据空气质量情况安排好自己的生活，学习基本的自我保健方法
自信向上，具有与同伴友好交往、合作的基本方法和技能	愉快、积极地生活	愉快、开朗	喜欢与同学、老师交往，能高兴地学，愉快地玩	说出让自己快乐或不快乐的事，明白快乐与不快乐都是人生的必有内容，能接纳生活中的不快乐，初步形成积极乐观的生活态度
				结合具体情境辨析快乐的正当性，能勇于追求正当的快乐，拒绝不正当快乐的诱惑
		积极向上	在成人的帮助下能较快地化解自己的消极情绪； 能看到自己的成长和进步，并为此而高兴	在具体情境中初步掌握疏导消极情绪的简单方法，并能有意识地在生活中应用
				通过交流互动，能欣赏自己的优点与长处，能看到自己的成长和进步，并为此而高兴
				结合具体情境，发现大家都有需要再努力的地方，树立“今天还不行，明天可能行”的发展观，并愿意不断努力，取得进步

续 表

<table>
<tr><th rowspan="2">课程目标</th><th colspan="3">课程内容</th><th rowspan="2">校本化学习目标</th></tr>
<tr><th>一级目标</th><th>二级目标</th><th>三级目标</th></tr>
<tr><td rowspan="10">自信向上；具有与同伴友好交往、合作的基本方法和技能</td><td rowspan="10">愉快、积极地生活</td><td rowspan="3">积极向上</td><td rowspan="3">在成人的引导下，学会正确对待自己的学习成绩；在成人的帮助下，能制定出自己可行的目标，并努力去实现。学习欣赏自己和别人的优点与长处，并以此激励自己不断进步</td><td>在学习活动中体验自信带来的快乐，感悟自信的重要性，在生活学习中遇到困难、挫折时能不怕困难、勇于拼搏、自信自强</td></tr>
<tr><td>借助照片、视频、个人成长档案等回顾自己、他人及团队两年来的学习生活，能看到自己、他人及团队的成长和变化，认真总结自己、他人及团队的进步，并为此感到高兴和自豪</td></tr>
<tr><td>通过回望、反思，找到自己和班集体需要努力的方向，通过制定三年级规划，确定好自己未来一年的发展目标，并愿意为之而努力</td></tr>
<tr><td rowspan="7">有应对挑战的信心与勇气</td><td rowspan="5">学习与生活中遇到问题时愿意想办法解决</td><td>通过回忆、分享自己“第一次挑战”的照片、视频等材料，对过往生活经验进行反思与提升</td></tr>
<tr><td>通过讨论交流的方式，明确哪些事情可以尝试，哪些事情不可以尝试以及尝试的方法与建议</td></tr>
<tr><td>通过现场体验活动，体验一起挑战、共同成长带来的愉悦</td></tr>
<tr><td>通过观察比较、分析交流等学习活动，知道学习是有方法的，能自觉反思自己的学习方法，感受学习方法的多样性，增强对学习的兴趣和自觉性</td></tr>
<tr><td>在学习中，能主动寻找到适合自己的学习方法，并学以致用</td></tr>
<tr><td rowspan="2">敢于尝试有一定难度的任务或活动</td><td>联系自己的学习实践，体验学习中有困难也有乐趣，发现坚持品质的重要性</td></tr>
</table>

续表

<table>
<tr><th rowspan="2">课程目标</th><th colspan="3">课程内容</th><th rowspan="2">校本化学习目标</th></tr>
<tr><th>一级目标</th><th>二级目标</th><th>三级目标</th></tr>
<tr><td rowspan="2">自信向上，具有与同伴友好交往、合作的基本方法和技能</td><td rowspan="2">愉快、积极地生活</td><td rowspan="2">有应对挑战的信心与勇气</td><td rowspan="2">敢于尝试有一定难度的任务或活动</td><td>在活动中体验、学习不气馁、克服困难、坚持下去的方法</td></tr>
<tr><td>在生活中有应对挑战的勇气，面对困难不气馁、不怕苦、不怕累，愿意坚持努力，尝试解决问题与困难</td></tr>
<tr><td rowspan="3">有责任心</td><td rowspan="3">学会照顾自己</td><td rowspan="3">学会做事、学会关心他人</td><td rowspan="3">爱父母及长辈，体贴家人，主动分担力所能及的家务劳动。
关心他人，友爱同伴，乐于分享与合作</td><td>在具体情境中学会关爱父母及长辈，关心家人，友爱同伴，成为大家的“开心果”</td></tr>
<tr><td>通过观察身边人的表情、动作以及语气等，体察他们的情绪状态，并能够根据他们的需要真诚地关心他们，做到“心中有他人”</td></tr>
<tr><td>能与同学分享学习经验，相互学习，共同进步，养成良好的学习习惯</td></tr>
<tr><td rowspan="5">保护环境，爱惜资源；乐于参加有意义的活动</td><td rowspan="5">负责任、有爱心地生活</td><td rowspan="5">遵守社会道德规范</td><td rowspan="5">爱护动植物，节约资源，为保护环境做力所能及的事</td><td>在具体情境中体验、感受水的珍贵，了解水对于生命、地球和人们生活的重要意义</td></tr>
<tr><td>结合自己的生活经验，讲述身边人们污染、破坏水资源的行为，产生对“小水滴”的同情，培养对水资源的珍惜情感与危机意识</td></tr>
<tr><td>借助教材范例，说出绿色城市生活中人们对水的创造性使用事例，发现在日常生活中珍惜水、节约水的方法，并形成相应的生活方式</td></tr>
<tr><td>通过体验、交流，感受清新空气给生活带来的美好</td></tr>
<tr><td>通过制订“我的清新空气保护计划”，找出让空气清新的切实可行的方法和措施，并力所能及地落实到日常生活中</td></tr>
</table>

续 表

课程目标	课程内容			校本化学习目标
	一级目标	二级目标	三级目标	
保护环境，爱惜资源；参加有意义的活动	负责任、有爱心地生活	遵守社会道德规范	爱护动植物，节约资源，为保护环境做力所能及的事	在日常生活中，能珍惜纸张，养成节约用纸的行为习惯
				通过观察生活、探寻环保搭档（可以是具体的物品，也可以是一个稳定的环保行为习惯），学会净化、美化生活环境的小方法，在生活中节约资源，尝试循环利用资源，使用节能产品等，能积极主动地过绿色环保生活，形成绿色环保的生活观念
喜欢动手动脑，乐于想象与创造	动手动脑、有创意地生活	有好奇心和多样的兴趣	喜欢提问和探寻问题的答案	通过了解种子的特点，激发发现生命奥秘的好奇心，能提出关于种子与生命的问题，产生尝试自己播种的愿望
			对周围环境充满兴趣，喜欢接触新鲜事物	通过跳绳的不同玩法活动体验，打破对一些游戏玩法的固有认知，开动脑筋，玩出花样，培育有创意的生活意识
				通过对身边的水、空气、纸的观察研究，对周围环境充满好奇，初步学会主动提出问题、探寻问题答案的方法
体验提出问题、探究或解决生活中问题的过程	动手动脑、有创意地生活	设计与制作	喜欢利用身边的材料自制小玩具、小礼物或布置环境等来丰富和美化生活	结合具体情境，通过交换游戏伙伴，变换玩具组合、游戏规则等方法，学会把旧游戏玩出新花样
				学会通过就地取材、变废为宝的创意方法，自己动手制作适合自己的新玩具。树立保护环境、爱惜资源的意识
			能根据需要，动手做简单的道具、小模型、小物品等来开展活动	通过创意自己的环保小搭档，从小处着眼，细处着手，在日常生活中养成低碳环保的生活习惯

续 表

课程目标	课程内容			校本化学习目标
	一级目标	二级目标	三级目标	
初步体验与社区和社会生活相联系的学习过程	动手动脑、有创意地生活	勤于思考，学习探究	能积极出主意、想办法扩展游戏或推进活动	在游戏过程中能积极地出主意、想办法来扩展游戏
				在探究传统游戏与国外游戏不同，调查研究水、空气、纸等的活动过程中，能积极地出主意、想办法来推进活动
				亲历植物的成长过程，通过观察记录等活动，学习用观察法进行简单的生活探究活动，感受生命的神奇及收获的不易
			用观察、比较、调查等方法进行简单的与生活和社会相关的探究活动	通过调查、访问长辈童年喜欢玩的游戏，了解传统游戏及其玩法，感受传统游戏带给长辈们的美好回忆。学习用调查法进行简单的生活和社会探究活动，增强社会交往技能和生活智慧
				通过“空气污染小调查”，了解造成空气污染的常见原因，提高对本地空气质量的关注，发现人类与环境相互依存的关系。学会记录调查情况，唤起自觉保护环境的责任意识与法治意识
				以“纸张”为课题开展观察与探究活动，了解纸在生活中的重要作用，知道纸与我们的生活息息相关。深入了解纸张的来源及制作工艺和过程，知道纸张和树木的关系，明白纸张的来之不易以及纸张代表的文化内涵。培养探究生活与社会的能力
			能与同伴交流、分享、反思探究的过程或成果	能与同伴交流、分享、反思自己“试种一粒籽”的收获。了解不同国家和地区的传统游戏中蕴含的生活智慧不同。总结自己在探究学习水、空气、纸等的过程中的收获

续 表

课程目标	课程内容			校本化学习目标
	一级目标	二级目标	三级目标	
初步体验与社区和社会生活相联系的学习过程	动手动脑、有创意地生活	勤于思考，学习探究	能对问题提出自己的想法与看法	通过交流分享自己玩过的游戏以及其他国家小朋友类似的游戏。了解水资源短缺及浪费、污染等不同方式，能针对学习过程中遇到的不同问题提出自己的想法与看法，具备初步的国际视野和环保节约意识，增强探索世界的好奇心
			学习利用图书、电视、网络等多种方式收集需要的资料	在种植准备，探究国外游戏，了解水、空气、纸等知识的过程中，能利用图书、电视、网络等多种方式收集需要的资料
			在成人的帮助下，能总结、提升获得的经验或信息	收集相关资料，探究传统游戏与国外游戏的不同，了解水、空气、纸等的知识。学习活动后，能在成人的帮助下，总结活动中获得的经验或信息

注：虽然“课程内容”中四个方面的内容各有侧重，但它们之间是相互联系、相互贯通、整体呈现的，在实施中不要将它们割裂开来。

《道德与法治（二年级下册）》第三单元（见表2）。

表2 “绿色小卫士”“基于课程标准的学教评一致性”单元整体设计

所属领域	儿童与自然	教学单元	二年级下册第三单元“绿色小卫士”	设计者	吕新英
单元内容	绿色环保是现代人必备的基本人文素养。从小培养学生的环保意识是现代教育，特别是现代德育不可忽视的重要内容。本单元引导学生从自己身边可触可感的水、空气、纸等资源出发，通过学习探究理解“绿色环保”这一主题，并通过实践活动，实际改善自己的生活环境，在生活中节约资源，遵守相关法律法规，成为名副其实的“绿色小卫士”。 第三单元包括第9课《小水滴的诉说》、第10课《清新空气是个宝》、第11课《我是一张纸》、第12课《我的环保小搭档》四课				

续 表

所属领域	儿童与自然	教学单元	二年级下册第三单元“绿色小卫士”	设计者	吕新英
课标分析	本单元内容对应《义务教育品德与生活课程标准（2011年版）》中“健康、安全地生活”部分——有初步的自我保护意识和能力：“6.了解天气、季节变化对生活的影响，学会照顾自己。”“愉快、积极地生活”部分——愉快开朗：“2.亲近自然，喜欢在大自然中活动，感受自然的美。”“负责任、有爱心地生活”部分——遵守社会道德规范：“8.爱护动植物，节约资源，为保护环境做力所能及的事。”“动手动脑、有创意地生活”部分——设计与制作：“3.喜欢利用身边的材料自制小玩具、小礼物或布置环境等来丰富和美化生活。4.能根据需要动手做简单的道具、小模型、小物品等来开展活动；勤于思考、学习探究。5.能积极地出主意、想办法来拓展游戏或推进活动。6.学习用观察、比较、调查等方法进行简单的生活和社会探究活动。7.能与同伴交流、分享、反思探究的过程或成果。8.能对问题提出自己的想法和看法。”				
教材分析	本单元是《道德与法治》教材小学低年段对环保问题的集中关注。依据学生身心发展的水平，从学生的感受和体验到的身边问题入手，选择水、空气、纸三个元素，采用拟人化的方式，引导学生跳出人类中心的视角，将人与世界看作一个共同体，引导学生学会与自然万物和谐共生。这一思路承接一年级下册“我和大自然”单元，并且在中年段和高年段教材中一以贯之。 第9课《小水滴的诉说》承接一年级下册“我和大自然”单元中人与自然的关系视角，关注日常生活中最常用到的水。本课题不再仅仅把水当作一种为人类服务的可用资源，而是将水看作生命本身的重要组成部分。通过拟人化的“小水滴的诉说”，帮助学生了解水资源的现实状况，激发学生爱惜水的情感，引导学生有意识地节约用水、一水多用。 第10课《清新空气是个宝》，选题非常有时代性。针对当下我国雾霾天气较多、大气污染较重的现实状况，引导学生观察生活，体会清新空气对美好生活的重要意义，理解预防空气污染、保持空气清新是每个公民的责任与义务。引导学生从自己做起，逐步形成绿色环保的生活方式，在必要时还可以拿起法律武器。 第11课《我是一张纸》，引导学生关注自己几乎每天都会用到的文化用品——纸。本课在设计思路上与第9课一致，采用了拟人和童话的表达方式，引导学生以第一视角来了解纸的来源，明白纸的来之不易，自然产生珍惜和节约用纸的心理诉求，并以此推动学生在日常生活中创造性地落实节约用纸的行为。 第12课《我的环保小搭档》是一节总结性的活动课，通过引导学生创造性地寻找自己的环保小搭档（既可以是一个具体事物，也可以是一个稳定的环保行为习惯），审视自己的日常生活，帮助学生在日常生活中将绿色生活的观念与行为落小、落实，并推动学生长期坚持，形成习惯				

续 表

<table>
<tr><th>所属领域</th><th>儿童与自然</th><th>教学单元</th><th>二年级下册第三单元“绿色小卫士”</th><th>设计者</th><th>吕新英</th></tr>
<tr><td>教材分析</td><td colspan="5">本单元四课是分与总的关系，前三课是三个并列的环保主题，最后一课是总结与行动。对于本单元内容，教师可结合自己学校的“绿色环保月”“绿色环保周”“争当绿色小卫士”等德育活动进行整合安排。在进行教学设计时，要特别注意将绿色文明的生活方式、创新观念以及环保法律法规有机融合。具体图示如下
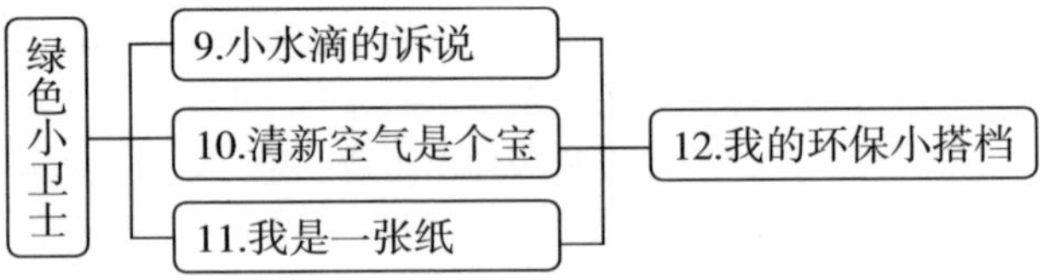
</td></tr>
<tr><td>学情分析</td><td colspan="5">学生每天都会和水、空气、纸打交道，虽然对它们非常熟悉，却又常常会忽视它们。在城市长大的儿童，由于日常生活中只要拧开水龙头就会有水源源不断地涌出来，他们很少有缺水的体验，因此他们对节约用水的必要性、紧迫性没有什么直观感觉，也不觉得水需要珍惜。由此，加强节约用水教育十分必要。学校也经常会进行一些节水教育，但由于学生们在很多情况下只是因为怕被扣分或者想成为“优胜”，才被动地注意节水，一旦外部的评比结束，就不自觉地恢复到老样子。因此，如何真正触动学生的内心情感体验，帮助学生产生节约用水的内在需求便成为教学的重点与难点。
近年来，雾霾天气增多，空气污染加重，保护空气质量、减少空气污染已成为每个公民的义务，引导学生从小关注空气质量，对学生进行保护空气质量的教育具有现实与长远的意义。大多数学生虽然知道雾霾对人体有害，但不知道自己可以为保护空气质量做些什么，也不知道在空气污染的环境里如何自我保护，课堂中要加强这些方面的教育。
纸对学生来说并不陌生，在学生的学习和生活中，纸的使用是广泛而普遍的，纸的供应也很充足，学生往往不觉得需要珍惜和节约用纸，校园里浪费纸的现象屡见不鲜，需要引导学生对纸的来源进行初步探究，帮助学生明白纸实际上来之不易，这样，他们才会产生珍惜和节约的心理，才能将节约纸张的行为落实到日常生活中去。
通过宣传教育，学生具有了一定的环保意识，但对于如何在生活中践行环保并没有清晰的认识，一些“变废为宝”的环保活动也往往走向为了环保而环保的形式主义。要使绿色生活方式真正转化为学生的自觉追求，关键在于触动学生的内心，产生绿色环保的内驱力，只有这样，才能让绿色生活的理念真正落地为学生的生活习惯</td></tr>
</table>

续 表

所属领域	儿童与自然	教学单元	二年级下册第三单元“绿色小卫士”	设计者	吕新英
单元目标	1.通过了解水的珍贵及当前水资源被污染和被消费的状况，唤醒珍惜水资源的内在动机，并力所能及地在生活中将节约水的意识付诸行动。 2.通过观察体验、调查访问，理解清新空气对美好生活的重要意义，懂得清新的空气需要靠大家共同遵守与环保相关的法律法规，身体力行，形成绿色环保的生活方式。 3.通过观察体验，明白纸的来之不易，在日常生活中创造性地落实节约用纸的行为。 4.通过创造性地寻找自己的环保小搭档，从小处着眼，细处着手，在日常生活中切实落实绿色生活的观念与行为				
课程评价	1.完成社区、学校水资源状况小调查，完成一天使用一瓶水（1升）、一水多用的体验活动，说说自己的感受及节水妙招。（自我评价、家长评价、小组评价、教师评价） 2.通过观察与生活体验、调查访问，说出至少三项空气污染源，举例说明怎样避免空气污染，保持空气清新。（自我评价、家长评价、小组评价、教师评价） 3.说出生活中哪里用到了纸（3~5处）、纸从哪里来，动手制作草稿本，在生活中节约用纸。（自我评价、家长评价、小组评价、教师评价） 4.说出并展示自己和家人的环保小搭档（自我评价、家长评价、小组评价、教师评价）				
学习活动	1.完成社区、学校水资源状况小调查，完成一天使用一瓶水（1升）、一水多用的体验活动。 2.观察生活、调查访问，体验空气质量的好坏对人们生活的影响。 3.观察与生活体验：寻找生活中的纸，和纸做朋友。 4.综合展示活动：“珍惜纸张”成果展、自己和家人的环保搭档。 5.综合实践活动：记录家庭、班级、小区每天的用水量，空气污染小调查，动手制作草稿本				
学校德育活动	圣城小学：开展“节约每一滴水”主题教育活动。 圣城小学：开展“爱护校园，保护环境”主题教育活动。 圣城小学：举行“爱护家园，文明有我”志愿服务活动				
结合点	圣城小学：举行第一届彩色地球月“保护环境，守护家园”活动。 圣城小学：举行“热爱劳动，讲究卫生，保护环境，促进健康”主题升旗仪式				

表3 《小水滴的诉说》教学设计

<table>
<tr><td colspan="2">课题</td><td>小水滴的诉说</td><td>设计人</td><td>桑会玲　吕新英</td></tr>
<tr><td colspan="2">教学内容</td><td colspan="3">二年级下册　第三单元“绿色小卫士”
第9课　《小水滴的诉说》（第一课时）</td></tr>
<tr><td rowspan="3">本课目标确定的依据</td><td>相关课标</td><td colspan="3">《课程标准》“负责任、有爱心地生活”部分要求学生“遵守社会道德规范”，具体为：“8.爱护动植物，节约资源，为保护环境做力所能及的事。”在“动手动脑、有创意地生活”部分，要求学生“勤于思考，学习探究”，具体为：“6.学习用观察、比较、调查等方法进行简单的生活和社会探究活动；7.能与同伴交流、分享、反思探究的过程或成果；8.能对问题提出自己的想法与看法；9.学习利用图书、电视、网络等多种方式收集需要的资料；10.在成人的帮助下，能总结、提升获得的经验或信息。”</td></tr>
<tr><td>教材分析</td><td colspan="3">第9课《小水滴的诉说》承接一年级下册“我和大自然”单元中人与自然的关系视角，关注日常生活中时时离不开的水。教材不仅把水当作一种可利用的资源，而且将水看作生命的重要组成部分，是与生命休戚与共的存在，通过“小水滴”的歌唱与遭遇不幸后的诉说，力求与学生产生情感共鸣，激发学生爱惜水的情感，引导学生有创意地珍惜水、节约水</td></tr>
<tr><td>学情分析</td><td colspan="3">二年级学生由于年龄小、生活经验少，在他们的实际生活中，大都只知道平时用的水是一拧水龙头就有的自来水，没有缺水的经历和担忧，认为水是取之不尽、用之不竭的，不知道地球上的水资源是有限的、很珍贵的，平时也很少留心水资源的浪费和污染状况</td></tr>
<tr><td colspan="2">本课目标</td><td colspan="3">1.了解水对于生命、地球和人们生活的重要意义。
2.理解、体验水的珍贵和来之不易。
3.知道当前水资源所遭遇的危机，能在生活中有创意地珍惜水、节约水</td></tr>
<tr><td colspan="2">评价任务</td><td colspan="3">1.结合教材第34、35页插图，说出水对于生命、地球和人们的影响。
2.通过小组合作，说出目前水资源遭遇的危机有哪些。
3.说出当前水资源所遭遇的危机，懂得水资源的宝贵。
4.课后将珍惜水、节约水的意识转化为实际行动</td></tr>
<tr><td rowspan="2">教学重难点</td><td>重点</td><td colspan="3">了解当前水资源所遭遇的危机，懂得水资源的宝贵，能在生活中有创意地珍惜水、节约水</td></tr>
<tr><td>难点</td><td colspan="3">让学生体验水的珍贵和来之不易</td></tr>
<tr><td rowspan="2">教学准备</td><td>教师准备</td><td colspan="3">多媒体课件</td></tr>
<tr><td>学生准备</td><td colspan="3">1.有100个格子的方格纸。
2.彩笔</td></tr>
</table>

续 表

	指向目标	评价任务	预设的学习活动
教学过程	了解水对于生命、地球和人们生活的重要意义	结合教材第34、35页插图，说出水对于生命、地球和人们的影响	一、认识水的重要性 1.猜谜语导入课题 同学们喜欢猜谜语吗？（学生：喜欢）那请大家猜猜下面这首小诗里的“我”是谁。（课件演示教材第35页的小诗） 我走过山川，山川绿了。 我流进田野，秧苗长了。 我经过草原，牛羊笑了。 我流进人们的嘴里，大家心里甜了。 我是地球的血液，我是生命的源泉。 学生观看并猜出结果：水。 你们猜得很对，它就是小水滴，这节课我们就来听听“小水滴的诉说”！（板书课题：9.小水滴的诉说） 2.认识水的重要性 在这首诗中，小水滴为什么把自己说成地球的血液、生命的源泉呢？秘密就藏在教材第34、35页的这两幅图里，找找看你发现了什么？ 预设： 学生：有小水滴的地方庄稼变绿了。 学生：有小水滴的地方树木长得绿绿的。 学生：没水的地方很荒凉，没有花草树木，也没有牛羊。 …… 小结：水对我们来说太重要了，它让我们的世界变得美丽，让我们的生活变得美好；如果没有了水，所有生物的生存都将受到巨大影响，所以说，小水滴是地球的血液、生命的源泉，水是很珍贵的

续 表

教学过程	理解、体验水的珍贵和来之不易	结合阅读课本第34、35页插图，通过开展画出地球上能被人类直接使用的淡水含量及阅读绘本故事《爷爷家的洗脸水》等学习活动，说出为什么人们要珍惜每一滴水	二、水资源知多少 1.了解水很稀少 出示教材第34页的“水不够用，定时供水”的图片：从图片我们还看到小红的家在城市，但是为什么她家说水不够用，需要定时供水了？ 出示教材第35页上“生活在海岛的人也需要珍惜每一滴水”的图片：小明的家在海岛上，那里四周都是水，为什么还要珍惜每一滴水？ 预设： 学生：因为他们太缺水了。 学生：海岛周围都是海水，海水是咸的，不能作为人们的日常生活用水。 …… 2.画图感悟水的稀少 地球不是一个大水球吗？三分陆地，七分海洋，怎么还会缺水呢？我们一起来画一画，这张纸上有100个小方格，它表示地球上的总水量，其中97格是海水，但人类很难直接用这种咸的水生活；只有3格是淡水，请大家用浅蓝色笔给淡水涂上颜色！但这3格的淡水并不能直接被利用，因为它们有的藏在坚固的冰川里，有的藏在地下，只有很少很少一部分能直接使用，少到什么程度呢？我们需要先把这3格的淡水平均分成1000格，然后再找出3格画出来，请你试试画一下。画不出来？那我们就用一个点表示吧！这一个点大约就是地球上人类可直接使用的淡水含量。你们觉得它是多还是少呢？

续 表

教学过程	理解、体验水的珍贵和来之不易	结合阅读课本第34、35页插图，通过画出地球上能被人类直接使用的淡水含量及阅读绘本故事《爷爷家的洗脸水》等学习活动，说出为什么人们要珍惜每一滴水	我国是一个水资源相对短缺的国家，水资源总量居世界第6位，但是人均水资源占有量只有2300立方米，是全球13个人均水资源最贫乏的国家之一。目前全国城市中有约2/3缺水，约1/4严重缺水。由此可见，水资源是非常珍贵的。 3.读绘本故事《爷爷家的洗脸水》 同学们有过缺水的经历吗？讲讲你的感受。 我们住在城市，喝的是自来水，但有的地方却很难喝到自来水。让我们一起走进今天的绘本故事《爷爷家的洗脸水》。 看大屏幕，从图片上爷爷的装扮，猜猜爷爷是哪里的人呢？ 爷爷头上系的是白羊肚头巾，因为陕北和晋西北地区特殊的地形地貌，风沙经常性地肆虐这里，外出劳作的人们便需要随身携带一些物品来擦拭头顶、脸上及脖颈的灰尘和沙砾，白羊肚头巾是陕北文化的一个鉴证和缩影，而陕北地处我国西北部地区，这里属于我国缺水地区，人均水资源占有量不足500立方米。 学生再自读绘本故事。 读完了这个绘本故事，你有什么问题要问吗？ 预设学生提问： （1）爷爷的洗脸水怎么那么少呢？ （2）爷爷留着洗脸水有什么用呢？ （3）为什么奶奶用草上的露水擦手呢？

续表

教学过程	理解、体验水的珍贵和来之不易	结合阅读课本第34、35页插图，通过开展画出地球上能被人类直接使用的淡水含量及阅读绘本故事《爷爷家的洗脸水》等学习活动，说出为什么人们要珍惜每一滴水	看到绘本故事中的爷爷和奶奶如此节约用水，你有什么感想？ 预设： 学生：水很稀少，很珍贵。 学生：我们也要节约用水。 4.小结 是的，水很稀少，很珍贵，我们每个人都要珍惜每一滴水，做到节约用水
	知道当前水资源所遭遇的危机，懂得水资源的宝贵	通过小组合作，说出目前水资源遭遇的危机有哪些	三、小水滴遭遇不幸 1.寻找小水滴遭遇了哪些不幸 水资源是多么珍贵呀！可与此相反，有些地方的有些人却在肆无忌惮地对水资源进行破坏，小水滴已经向我们诉苦了。 小水滴有可能遭遇哪些不幸呢？请同学们当一次小侦探，小组合作，一起查一查到底是谁在伤害小水滴吧！ （课件出示往河里乱扔垃圾、倾倒污物、浪费水的图片） 2.小组讨论，汇报交流 学生：工业企业排出的废水直接流入河流，造成水污染。 学生：有些石材加工厂将废石料直接倒在河边，造成水污染。 学生：家禽养殖、水产养殖、农药化肥等废弃物经雨水冲刷流入河流，造成水污染。 小水滴为人类做了这么多，人们的这些做法可真是让小水滴伤心哪！ 如果你看到这些现象，你想怎样做？（拨打环保热线、劝阻小朋友……）

续 表

<table>
<tr><td>教学过程</td><td>升华情感，增强学生珍惜水、节约水的意识</td><td>课后将珍惜水、节约水的意识转化为实际行动</td><td>四、课堂总结，升华情感
这节课听了小水滴的诉说，你有什么话想对它说？
今天我们在课堂上了解了水的珍贵，也看到了水正在遭遇的不幸。地球上严重缺水，节约用水、保护水资源我们责无旁贷。这个月，我们学校开展了“节约每一滴水”主题教育活动，同学们也积极参加了其中的各项活动。那就让我们从自己做起，从身边的小事做起，节约用水，保护水资源，保护地球资源</td></tr>
<tr><td>板书设计</td><td colspan="3">
很珍贵
遭遇了不幸
珍惜</td></tr>
<tr><td>德育结合点</td><td colspan="3">圣城小学：开展“节约每一滴水”主题教育活动</td></tr>
<tr><td>课后反思</td><td colspan="3"></td></tr>
</table>

学习单

1. 为什么小水滴把自己说成地球的血液、生命的源泉呢？从课本第34、35页的这两幅图里，找找看你发现了什么。

2. 根据教师的提示，在下图中用彩笔画出地球上可直接使用的淡水含量。

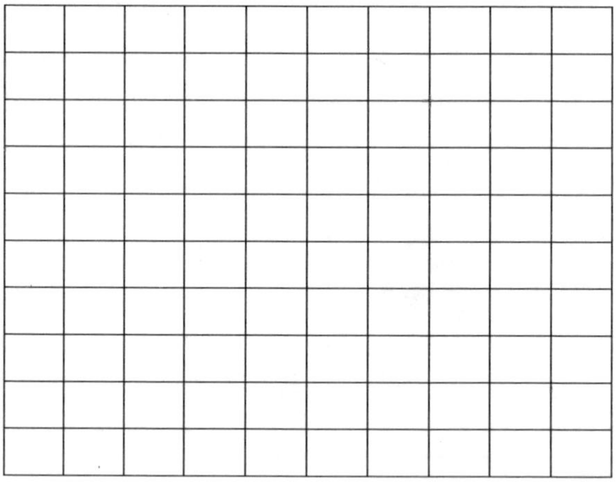

3. 读完了绘本故事《爷爷家的洗脸水》，你有什么问题要问吗？

4. 从课本第36页的图中找一找小水滴遭遇了哪些不幸。

《科学（三年级上册）》课程标准解析

课程名称：科学

课程类型：国家课程

教材来源：《科学（三年级上册）》，青岛出版社，2019年版

授课对象：小学三年级

授课时间：23课时

设 计 者：王志伟　张海军　郭会生

表1　课程目标解析

课程目标	领域	课程标准学段目标	校本化解析
科学知识目标	生命科学	初步了解植物体和动物体的主要组成部分，知道动植物的生命周期；初步了解动物和植物都能产生后代，使其世代相传；能根据有关特征，对生物进行简单分类；初步认识人体的主要生命活动	1.知道动物通过皮肤、四肢、翅膀等接触和感知环境。 2.知道有的动物皮肤表面覆盖着鳞、毛或甲等。 3.知道动物通过迁徙、冬眠等方式适应季节变化。 4.知道植物一般由根、茎、叶、花、果实和种子组成。 5.知道植物的根有固定植物、吸收水分等作用。 6.知道植物的茎不仅能支撑植物的“身体”，还能运输水分等。 7.知道叶的蒸腾作用及其意义

续 表

课程目标	领域	课程标准学段目标	校本化解析
科学知识目标	地球与宇宙	知道太阳、地球、月球的运动特征，知道与它们有关的一些自然现象是有规律的；初步了解地球上大气、水、土壤、岩石的基本状况；初步认识大自然为人类生存提供了各种自然资源和能源，并认识大自然中的一些自然灾害	1.知道土壤是地球上的重要资源，知道组成土壤的主要成分。 2.知道沙质土、黏质土和壤土的不同特点，知道沙质土、黏质土和壤土适宜生长不同的植物。 3.知道岩石是由矿物组成的；观察花岗岩、砂岩、大理岩的标本，认识常见岩石的表面特征。 4.知道矿产是人类工农业生产的重要资源。 5.知道地球陆地表面有河流、湖泊等水体类型。 6.知道地球表面海陆的分布情况。 7.举例说出人类生活离不开淡水，大家要树立节约用水的意识
	物质科学	测量、描述物体的特征和材料的性能；描述物体的运动，认识力的作用；了解不同形式的能量	1.知道固体有固定的形状、体积和确定的质量；液体有固定的体积和确定的质量，液体的表面在静止时一般会保持水平；气体有确定的质量，但没有固定的形状和体积。 2.知道空气具有质量并占有一定空间，空气总会充满各处。 3.知道量筒是测量液体体积的工具，认识量筒及其结构组成；知道液体体积的计量单位。 4.知道天平是测量轻小物品质量的仪器，认识天平及其各部分的功能，知道质量的计量单位
	技术与工程	知道人工世界是设计和制造出来的，意识到使用工具可以更加精确、便利、快捷；知道设计包括一系列步骤，完成一项工程设计需要分工与合作，需要考虑很多因素，任何设计都受到一定条件的制约	知道沙漏是古代测量时间的仪器，认识并了解沙漏的构造及功能

续 表

课程目标	领域	课程标准学段目标	校本化解析
科学探究目标	提出问题	在教师的引导下，能从具体现象与事物的观察、比较中，提出可探究的科学问题	1.通过对动物皮肤、翅膀等外部形态特征的研究，提出其如何与环境相适应的问题。 2.在教师的引导下，能针对土壤、岩石、矿物的组成、特点、作用等提出可探究的科学问题
	做出假设	在教师的引导下，能基于已有经验和所学知识，从现象和事件发生的条件、过程、原因等方面提出假设	在教师的引导下，能基于已有经验对植物根的作用提出假设，并通过实验进行验证
	制订计划	在教师的引导下，能基于所学知识，制订简单的探究计划	在教师的引导下，能基于所学知识，制订研究土壤、岩石的简单的探究计划
	收集证据	在教师的引导下，能运用感官和选择恰当的工具、仪器观察并描述对象的外部形态特征及现象	1.在教师的引导下，能运用感官观察并描述动物皮肤、四肢、翅膀的外部形态特征。 2.在教师的引导下，能运用感官和工具观察并描述茎的特征。 3.能用器材开展简单的观察实验，并记录实验探究过程。 4.能运用感官和选择恰当的工具、仪器观察并描述对象的外部形态特征及现象。 5.在教师的引导下，能用正确的方法测量液体的体积和质量
	处理信息	在教师的引导下，能用比较科学的词汇、图示符号、统计图表等方式记录整理信息，陈述证据和结果	1.在教师的引导下，能依据研究土壤、岩石的证据，运用分析、比较、推理、概括等方法对结果进行分析。 2.能选择用自己擅长的记录方式（语言文字、图表、模型等）表达研究的结果和过程。 3.能用比较科学的词语、图示符号、统计图表等方式记录整理信息，陈述证据和结果

续 表

课程目标	领域	课程标准学段目标	校本化解析
科学探究目标	得出结论	在教师的引导下，能依据证据，运用分析、比较、推理、概括等方法分析结果，得出结论	1.在教师的引导下，依据动物在多种环境中的表现，运用推理的方法，让学生意识到它们可以借助皮肤、四肢、翅膀等感知环境。 2.能依据证据并运用分析、比较、推理、概括等方法分析结果，得出结论
	表达交流	在教师的引导下，能正确讲述自己的探究过程与结论，能倾听别人的意见并与之交流	1.在教师的引导下，能根据动物适应季节变化的方式说出这些变化对维持动物生存的作用。 2.在教师的引导下，能依据证据描述植物“身体”的组成。 3.在教师的引导下，能正确讲述自己的探究过程与结论，能倾听别人的意见并与之交流。 4.能通过口述、图示等方式表达自己的设计与想法并完成制作
	反思评价	在教师的引导下，能对自己的探究过程、方法和结果进行反思，做出自我评价与调整	1.能根据量筒的特征，自制简易量筒。 2.能自制简易沙漏，实现预期的计时功能。 3.能对自己和他人的作品提出改进建议
科学态度目标	探究兴趣	能在好奇心的驱使下，表现出对现象和事件发生的条件、过程、原因等方面的探究兴趣	1.能在好奇心的驱使下，对动物如何通过皮肤、四肢、翅膀等感知环境表现出探究兴趣。 2.能在好奇心的驱使下，表现出对植物“身体”的探究兴趣。 3.能在好奇心的驱使下，对土壤的组成、土壤的种类、岩石的特征等问题表现出探究兴趣。 4.对事物的结构、功能、变化及相互关系表现出探究兴趣。

续 表

课程目标	领域	课程标准学段目标	校本化解析
科学态度目标	探究兴趣	能在好奇心的驱使下，表现出对现象和事件发生的条件、过程、原因等方面的探究兴趣	5.能在好奇心的驱使下，表现出对现象和事件发生的条件、过程、原因等方面的探究兴趣。 6.能在好奇心的驱使下，对量筒、天平和沙漏等测量工具表现出探究兴趣
	实事求是	在科学探究中能以事实为依据，不从众，不轻易相信权威与书本；面对有说服力的证据，能调整自己的观点	在科学探究中能以事实为依据，不从众，不轻易相信权威与书本；面对有说服力的证据，能调整自己的观点
	追求创新	乐于尝试运用多种材料、多种思路、多种方法完成科学探究，体会创新的乐趣	1.乐于尝试运用多种材料探究动物如何通过皮肤、四肢、翅膀等感知环境。 2.在探究土壤、岩石的过程中，乐于尝试运用多种材料、多种思路、多种方法完成科学探究，体会创新的乐趣。 3.能大胆质疑，从不同视角提出研究思路，培养创新精神。 4.乐于尝试运用多种材料、多种思路、多种方法完成科学探究，体会创新的乐趣。 5.能如实讲述测量工具的使用方法，对自制测量工具表现出不断完善、不断创新的态度
	合作分享	能接纳他人的观点，完善自己的探究；能分工协作，进行多人合作的探究学习；乐于为完成探究活动分享彼此的想法和贡献自己的力量	1.能接纳他人的观点，完善自己的探究；能分工合作，进行多人合作的探究学习。 2.在探究中能分工协作，乐于为完成探究活动分享彼此的想法和贡献自己的力量。 3.乐于表达自己的观点，愿意倾听他人的意见，积极进行合作探究学习。 4.愿意倾听，乐于与他人分享信息，培养团队合作意识

续 表

课程目标	领域	课程标准学段目标	校本化解析
科学、技术、社会与环境目标	科学技术与日常生活的联系	了解科学技术对人类生活方式和思维方式的影响	1.初步了解所学的科学知识在日常生活中的应用。 2.了解工具是一种物化的技术
	科学技术与社会发展的联系	了解并意识到人类对产品不断改进以适应人类不断增加的需求，了解人类的需求是影响科学技术发展的关键因素	了解并意识到人类对产品不断改进以适应人类不断增加的需求，了解人类的需求是影响科学技术发展的关键因素
	人类与自然和谐相处	了解人类的生活和生产可能对环境造成破坏，具有参与环境保护活动的意识，愿意采取行动保护环境、节约资源	1.能树立保护动植物及参与环境保护的意识。 2.知道人类利用土壤进行农业生产的例子，树立保护土壤资源的意识。 3.知道人类利用矿产资源进行工业生产的例子，树立合理开采利用矿产资源的意识

表2　课程内容解析

领域	大概念	学习内容	学段学习目标	校本化解析
生命科学	动物能适应环境，通过获取植物和其他动物的养分来维持生存	动物通过不同的器官感知环境	举例说出动物通过皮肤、四肢、翼、鳍、鳃等接触和感知环境	1.观察猫足的特点，能通过模拟猫足肉垫的实验，探究猫是如何通过足接触和感知环境的。 2.了解青蛙、猴子、鳄鱼等动物的四肢特点，说出动物的四肢是怎样适应环境的。 3.综合利用各种感官感知鱼身体表面的特点。 4.通过模拟实验，探究鱼身体表面的哪些特点有利于它们在水中生存。 5.了解海豚、变色龙等动物的皮肤是怎样适应环境的。 6.观察鸟翅膀的特点，想一想鸟是怎样利用翅膀适应环境的

续 表

领域	大概念	学习内容	学段学习目标	校本化解析
生命科学	动物能适应环境，通过获取植物和其他动物的养分来维持生存	动物能够适应季节的变化	举例说出动物适应季节变化的方式（说出这些变化对维持动物生存的作用）	1.观察冬眠动物的状态及所处环境。 2.观察迁徙动物的状态及所处环境。 3.总结动物适应季节变化的方式
	植物能适应环境，可制造和获取养分来维持自身的生存	植物具有获取和制造养分的结构	描述植物一般由根、茎、叶、花、果实和种子组成，这些部分具有帮助植物维持自身生存的相应功能	1.观察凤仙花，知道它的“身体”是由根、茎、叶、花、果实、种子构成的。 2.探究植物根的特点，区分直根系和须根系。 3.探究植物的根，知道根具有固定植物、吸收水分的作用。 4.观察不同植物的茎，总结茎的特点。 5.探究茎有运输水分的功能，并研究茎的内部结构。 6.认识叶子表面的气孔。 7.了解叶的蒸腾作用，并知道它对植物生存的意义
	地球上生活着不同种类的生物	地球上存在不同的植物，不同的植物具有许多不同的特征，同一种植物也存在个体差异	说出植物的某些共同特征	知道有的植物的“身体”是由根、茎、叶、花、果实、种子构成的，有的只具备其中几部分
			列举当地的植物资源，尤其是与人类生活密切相关的植物	了解本地丰富的植物资源，如柳树、法桐等
地球与宇宙	地球上有大气、水、生物、土壤和岩石，地球内部有地壳、地幔和地核	陆地表面大部分覆盖着土壤，生存着生物	知道土壤是地球上的重要资源	了解土壤与植物、动物和人类的关系

续 表

<table>
<tr><th>领域</th><th>大概念</th><th>学习内容</th><th>学段学习目标</th><th>校本化解析</th></tr>
<tr><td rowspan="5">地球与宇宙</td><td rowspan="5">地球上有大气、水、生物、土壤和岩石，地球内部有地壳、地幔和地核</td><td rowspan="2">陆地表面大部分覆盖着土壤，生存着生物</td><td>知道组成土壤的主要成分</td><td>1.观察土壤，通过各种感官研究土壤。
2.探究土壤的成分，知道土壤有沙、黏土、空气、水、腐殖质等成分</td></tr>
<tr><td>观察并描述沙质土、黏质土和壤土的不同特点，举例说出沙质土、黏质土和壤土适宜生长不同的植物</td><td>1.观察比较不同土壤的特点。
2.通过实验，探究不同土壤的渗水性。
3.说出沙质土、黏质土和壤土适宜生长的不同的植物。
4.到附近的花园、菜地或农田调查土壤类型，了解适宜生长什么植物</td></tr>
<tr><td rowspan="2">地球表面有由各种水体组成的水圈</td><td>知道地球表面海陆的分布情况</td><td>1.认识地球仪，了解地球仪的各个组成部分。
2.通过观察地球仪，了解地球上海洋和陆地的分布。
3.制作海洋和陆地的模型</td></tr>
<tr><td>知道地球陆地表面有河流、湖泊等水体类型</td><td>1.调查家乡的河流和湖泊。
2.认识地球上有河流、湖泊、冰川、沼泽和地下的水体。
3.在家长的陪同下，实地考察家乡的水体。
4.通过身边小事，了解水是生命之源。
5.通过查阅资料，了解地球上的淡水资源，交流节约用水小妙招</td></tr>
<tr><td>地球表面覆盖着岩石</td><td>知道岩石是由矿物组成的</td><td>1.收集岩石，了解岩石的特点。
2.观察岩石标本，了解岩石特征。
3.采集岩石，并分类制作岩石标本</td></tr>
</table>

续 表

领域	大概念	学习内容	学段学习目标	校本化解析
地球与宇宙	地球上有大气、水、生物、土壤和岩石，地球内部有地壳、地幔和地核	地球表面覆盖着岩石	观察花岗岩、砂岩、大理岩的标本，认识常见岩石的表面特征	1.观察岩石是由什么组成的，知道石英、长石、云母、白云石等都是矿物，岩石是由矿物组成的。 2.观察各种各样的矿物，如石墨、黄铁矿、金刚石等
			知道矿产是人类工农业生产的重要资源	1.认识铁矿石与人类的关系。 2.认识磷矿石与人类的关系。 3.查阅资料，了解海洋中的矿产资源
	地球是人类生存的家园	地球为人类生存提供各种自然资源	说出人类生活离不开淡水，树立节约用水的意识	1.了解地球上淡水资源的分布情况。 2.说出人类对水的依赖和节约用水的必要性。 3.交流节约用水的方法
			说出人类利用土壤进行农业生产的例子，树立保护土壤资源的意识	1.了解人们保护土壤的做法，如植树造林等。 2.通过水土流失实验，探究如何保护土壤
			说出人类利用矿产资源进行工业生产的例子，树立合理开采利用矿产资源的意识	1.知道怎样保护矿产资源。 2.说出如何合理开采利用矿产资源
物质科学	物体具有一定的特征，材料具有一定的性能	物质一般有三种状态：固态、液态和气态	知道固体有确定的形状、体积和质量；液体有确定的体积和质量，液体的表面在静止时一般会保持水平；气体有确定的质量，但没有确定的形状和体积	1.用摸一摸、捏一捏等方法理解固体、液体、气体的特征。 2.设计实验，探究固体、液体、气体是否有固定的形状。 3.认识液体的表面是水平的。 4.通过实验探究液体、固体是否占据空间。 5.通过实验探究固体、液体是否有确定的质量。 6.探究空气是否有固定的体积

续表

领域	大概念	学习内容	学段学习目标	校本化解析
物质科学	物体具有一定的特征，材料具有一定的性能	物体具有质量、体积等特征	能够使用简单的仪器测量物体的长度、质量、体积、温度等常见特征，并使用恰当的计量单位进行记录	1.认识量筒，知道液体的体积单位。 2.用量筒测量水的体积，标准步骤为：一选，二倒，三看。 3.制作简易量筒。 4.认识天平的各部分结构。 5.知道物体的质量用克等作单位。 6.学习使用天平，准确测量物体的质量
	空气是一种常见而重要的混合物质	空气具有质量并占有一定空间，其形状随容器而变，没有固定的体积	知道空气具有质量并占有一定空间，空气总会充满各处	1.探究空气是否占据空间。 2.探究空气是否有确定的质量
技术与工程	技术的核心是发明，是人们对自然的利用和改造	工具是一种物化的技术	使用和制作简易的古代的测量仪器模型，如日晷、沙漏等	1.认识沙漏的结构，了解各种类型的结构，知道沙漏的主要功能。 2.用各种方法制作沙漏。 3.测试沙漏并进行改进
			知道使用工具可以使生活更加精确、便利和快捷	通过实验感受工具的准确、便利和快捷

《科学（三年级上册）》课程纲要

课程名称：科学

课程类型：国家课程

教材来源：《科学（三年级上册）》，青岛出版社，2019年版

授课对象：小学三年级

授课时间：23课时

设 计 者：王志伟　张海军　郭会生

【背景分析】

1. 课标分析

本册教科书有六个单元，分别是“动物与环境”“植物的生活”“土壤与岩石”“物体的形态”“地球上的水”“测量工具”。“动物与环境”属于生命科学领域的第九个主要概念：动物能适应环境，通过获取植物和其他动物的养分来维持生存。具体学习内容是：动物通过不同的器官感知环境和动物能够适应季节的变化。“植物的生活”属于生命科学领域的第八个主要概念：植物能适应环境，可制造和获取养分来维持自身的生存；第七个主要概念：地球上生活着不同种类的生物。其中涉及两个学习内容：植物具有获取和制造养分的结构；地球上存在不同的植物，不同的植物具有许多不同的特征，同一种植物也存在个体差异。“土壤与岩石”属于地球和宇宙领域的第十四个主要概念：地球上有大气、水、生物、土壤和岩石，地球内部有地壳、地幔和地核；第十五个主要概念：地球是人类生存的家园。其中涉及三项学习内容：陆地表面大部分覆盖着土壤，生存着生物；地球表面覆盖着岩

石；地球为人类生存提供各种自然资源。“物体的形态”属于物质世界领域第一个主要概念：物质具有一定的特征，材料具有一定的性能；第三个主要概念：空气是一种常见而重要的混合物质。其中涉及的学习内容为：物质一般有三种状态，即固态、液态和气态；空气具有质量并占有一定空间，其形状随容器而变，没有固定的体积。“地球上的水”属于物质世界领域第十四个主要概念：地球上有大气、水、生物、土壤和岩石，地球内部有地壳、地幔和地核；第十五个主要概念：地球是人类生存的家园。其中涉及两个学习内容：地球表面有由各种水体组成的水圈；地球为人类生存提供各种自然资源。“测量工具”属于技术与工程领域，涉及第一个主要概念：物质具有一定的特征，材料具有一定的性能；第十七个主要概念：技术的核心是发明，是人们对自然的利用和改造。主要学习内容为：物体具有质量、体积等特征，工具是一种物化的技术。

2. 学情分析

三年级的学生通过两年的科学学习，已经掌握了基本的科学知识，在一、二年级的时候已经学习了看一看、听一听、摸一摸等基础的观察方法，并对周围常见的世界进行了初步的认识，开始学习用科学的眼光去看待世界。

学生年龄比较小，活泼好动，对基础知识掌握得不够牢固，虽然课堂上看起来很活跃、很热闹，但是缺乏对问题的深入思考，在进行实验探究时，以兴趣为主导，实验目标不明确，很难进行系统的、有目的的设计。

针对这种情况，本学期的科学课要对学生进行科学教育，要对学生主动探究科学知识的能力进行专门的训练，发展学生爱科学、学科学、用科学的兴趣和能力。在本学期中要从抓学生的动手实践能力入手，从小制作、小种植、小实验、小调查、小操作等方面入手，努力培养学生的创新思维和创新能力，把科学要素的训练落实到科学教学中。

3. 教材分析

本册教科书以主题研究的形式编排了六个单元，以学生的发展为本，以科学探究为核心，以学生的生活经验为主要要素构建单元。

三年级上册共有六个单元，计23课。

第一单元“动物与环境”以动物接触和感知环境及其适应季节变化的方式

为切入点，按照由动物感知环境到适应环境的顺序构建了《动物的四肢》《动物的皮肤》《动物的翅膀》和《冬眠与迁徙》四课内容，旨在引导学生运用感官，观察并描述动物皮肤、四肢、翅膀的外部形态特征，让学生运用推理的方法，意识到动物可以借助皮肤、四肢、翅膀等感知环境；通过了解动物适应季节变化的方式，说出这些变化对维持动物生存的作用。

第二单元“植物的生活”以植物的各部分为研究对象，按照由整体到部分的顺序构建了《植物的“身体”》《植物的根》《植物的茎》和《叶的蒸腾作用》四课内容，旨在引导学生通过观察植物，知道植物由根、茎、叶、花、果实、种子组成；通过观察根和茎，认识它们的结构特点；通过实验探究，知道根有固定植物、吸收水分的作用，茎有支撑植物“身体”、运输水分的作用；通过叶的蒸腾作用实验，知道植物叶的蒸腾及蒸腾作用的意义。

第三单元“土壤与岩石”以学生的生活经验为基础，以土壤和岩石为研究对象，以科学认识到科学实践为原则，旨在让学生通过实验探究，知道沙、黏土、空气、水、腐殖质等，知道沙质土、黏质土和壤土的特点以及这三类土壤分别适宜生长什么植物；通过交流讨论和实验探究，知道土壤是地球上的重要资源，增强保护土壤资源的意识；通过观察岩石标本，认识岩石的表面特征；通过观察，知道岩石是由矿物组成的，矿产是人类工农业生产的重要资源，引导学生树立合理开采和利用矿产资源的意识。

第四单元“物体的形态”以物体的三种形态为研究对象，通过观察、实验探究，让学生知道固体有固定的形状，液体和气体没有固定的形状；知道液体的表面在静止时一般会保持水平；知道空气占据一定的空间；通过天平等简单仪器，测量固体、液体和气体的体积和质量。

第五单元“地球上的水”依据学生的认知水平，构建了《河流和湖泊》《海洋和陆地》《淡水资源》三课内容。通过交流讨论，知道陆地上有江、河、湖等水体类型；通过观察地球仪、分析数据，知道海洋和陆地的分布情况；通过体验活动，认识到淡水资源的占有量，树立节约用水的意识。

第六单元“测量工具”以学生初步实验技能为基础，构建了《量筒》《天平》和《沙漏》三课内容。通过认识量筒和天平，会使用它们测量物体的体积和质量，并使用恰当的计量单位进行记录，知道使用工具可以更加精确、便利和快捷；通过认识、制作和改进沙漏，培养学生的创新意识。

【课程目标】

1. 科学知识目标

（1）知道动物通过皮肤、四肢、翅膀等接触和感知环境，有的动物皮肤表面覆盖着鳞、毛或甲等，动物通过迁徙、冬眠等方式适应季节变化。

（2）知道植物“身体”的构成及植物根、茎和叶的作用。

（3）知道保护土壤的重要性，知道土壤主要组成部分、种类及不同土壤适宜生长不同的植物。

（4）知道岩石的组成，观察岩石标本，认识常见岩石的表面特征，知道矿产是人类工农业生产的重要资源。

（5）知道地球表面的水体类型、海陆分布，树立节水意识。

（6）知道固体、液体、气体在形状、体积、质量方面的不同特征，并能用量筒、天平对物体进行测量。

（7）知道沙漏是古代测量时间的仪器，认识并了解沙漏的构造及功能。

2. 科学探究目标

（1）在教师的引导下，能针对土壤、岩石、矿物的组成、特点、作用等提出可探究的科学问题。

（2）在教师的引导下，能基于已有经验对植物根的作用提出假设，并通过实验进行验证。

（3）在教师的引导下，能基于所学知识，制订研究土壤、岩石的简单的探究计划。

（4）在教师的引导下，能运用感官和工具观察并描述对象的外部形态特征及现象，能用器材开展简单的观察实验，并记录实验探究过程，能用正确的方法测量液体的体积和质量。

（5）在教师的引导下，能依据研究证据，运用分析、比较、推理、概括等方法分析结果，用自己擅长的记录方式表达研究的结果和过程，用比较科学的词语、图示符号、统计图表等方式记录、整理信息，陈述证据和结果。

（6）在教师的引导下，能依据研究的证据，运用分析、比较、推理、概括等方法分析结果，得出结论。

（7）在教师的引导下，能根据动物适应季节变化的方式说出这些变化对维持动物生存的作用，依据证据描述植物“身体”的组成，正确讲述自己的探究过程与结论，能倾听别人的意见并与之交流。

（8）能根据量筒、沙漏的特征，自制简易的量筒和沙漏，并能对自己和他人的作品提出改进建议。

3. 科学态度目标

（1）能在好奇心的驱使下，对探究的事物表现出探究兴趣。

（2）在科学探究中能以事实为依据，不从众，不轻易相信权威与书本；面对有说服力的证据，能调整自己的观点。

（3）在探究过程中，乐于尝试运用多种材料、多种思路、多种方法完成科学探究，体会创新的乐趣。

（4）乐于表达自己的观点，愿意倾听他人的意见，积极进行合作探究学习。

4. 科学、技术、社会与环境目标

（1）初步了解所学的科学知识在日常生活中的应用，了解工具是一种物化的技术。

（2）了解并意识到人类对产品不断改进以适应自身不断增加的需求，了解人类的需求是影响科学技术发展的关键因素。

（3）能树立保护动植物及参与环境保护的意识，知道人类农业、工业生产的例子，树立保护土壤和合理开采利用矿产资源的意识。

【课程目标】

表1 三年级上册科学课程目标

课程内容	学习内容	课时
第一单元 动物与环境	动物的四肢	1
	动物的皮肤	1
	动物的翅膀	1
	冬眠与迁徙	1
第二单元 植物的生活	植物的“身体”	1
	植物的根	1
	植物的茎	1
	叶的蒸腾作用	1
第三单元 土壤与岩石	土壤的成分	1
	土壤的种类	1
	保护土壤	1
	认识岩石	1
	矿物和矿产	1
第四单元 物体的形态	固体、液体和气体	1
	固体、液体的体积和质量	1
	空气占据空间吗	1
	气体的体积和质量	1
第五单元 地球上的水	河流和湖泊	1
	海洋和陆地	1
	淡水资源	1
第六单元 测量工具	量筒	1
	天平	1
	沙漏	1

【课程实施】

（一）教学方法

1. 探究发现法

探究发现法是指学生在教师的指导下，像科学家发现真理那样，通过自己的探究和学习，发现事物发展变化的原因和内部联系，找出变化规律，在经历探究和发现的过程中，学到科学知识和学习科学的方法。

2. 实验探索法

实验探索法是指教师提出命题或创设若干条件，学生围绕教师的命题进行假设和实验证明，或者利用教师创设的条件进行开放性实验，从中发现新问题，找到新规律。实验探索法主要是让学生通过动手实验，培养学生的探究能力，发展假设论证的科学精神和科学态度。

3. 小组讨论法

小组讨论法是以合作学习小组为单位，学生围绕教师提出的有关专题，在小组的群体中交流个人看法，相互学习，从中获得对该问题的深入认识或进一步了解的方法。因为这种教学方法需要学生具备一定的知识和经验基础，所以比较适合在小学中、高年级使用。

4. 信息收集法

信息收集法是在教师的指导下，学生对某个专题的有关信息进行收集、整理、比较、分析、综合，从而认识事物的活动方法。通过信息收集，使学生初步了解信息收集法的基本过程，从而培养学生的信息意识和收集、处理、交流、应用、评价信息的能力。

（二）教学措施

小学科学是以培养学生科学素质为宗旨的一门学科，它是一门基础性、实践性、综合性的课程。在教学实践中，教师要让学生在实践、探究的环境中学习科学，采用多元化教学方法，鼓励学生实践探索，充分发挥学生的主体作用，培养学生对科学的兴趣，激发学生的好奇心和求知欲。

1. 注重情境导入，激发探究兴趣

在课堂教学中，要向全体学生提供充分的探究机会，使他们在快乐的探究过程中体验学习的乐趣，提高科学探究的能力，获取科学知识。在教学实践中，课前创设一定的教学情境，可以从身边入手，从生活现象出发，导入新课，从而引发学生的探究兴趣，激发学生学习的好奇心。

2. 充分给予学生实践与探究的空间

由于科学要面向全体学生，因此要鼓励学生亲身经历探究的全部过程，在探究过程中充分发挥学生的创造性，为学生创设一片自主学习的天地，真正使学生成为科学探究的主体。

3. 选用合适的教法，优化课堂教学

科学课的主阵地仍是课堂教学，合理、灵活的教学方法以及设计合理的教学活动吸引学生积极主动地参与学习活动，这样更能优化课堂教学，提高课堂教学质量。

科学课的教学方法很多，但要根据教学内容的不同和教学活动中认识活动的特点进行分类，科学课中主要有观察、实验、考察和讨论等基础认识活动，相应地就有指导学生认识这些活动的教学方法。

4. 采用多媒体辅助教学

充分利用网络资源，更快、更准确、更形象地传递教学信息，使教学内容变得更生动、更直观，激发学生的学习积极性，从而实现教学目标。

5. 充分利用校内校外资源

校园环境和学校的一些活动场所、设施等都是实施课程的有效资源。学校和教师应当充分利用校园环境中与科学有关的资源，让校园成为科学学习的大课堂。

科学课程的社会资源十分丰富，应当积极开发、充分利用社会教育资源。

【课程评价】

（一）评价内容

采取灵活多样化的学生评价方法，改变将纸笔测验作为唯一或主要的评价手段的现象，运用多样化的评价方法对学生进行评价。

1. 拓展活动

科学中的每一课都有拓展活动的任务，让学生在拓展中收集资料、解决问题、动手实践等，对学生的拓展活动进行展示、评价，学生之间相互学习。

2. 课堂表现

就课堂学习是否积极，学习的兴趣是否浓厚，是否积极参与实验和讨论等方面进行评价。

3. 素养检测

教师通过平时测验检查和督促学生的学习，诊断学生对所学知识与技能的掌握情况，及时做出反应和调整。通过测验引导学生对阶段的学习进行小结，“温故而知新”不仅是检测的手段，也是学习的过程。通过阶段性检测，考查学生学习能力的发展状况。

（二）评价量表

表2　小学科学教学过程评价量表

评价指标	评价要点	评价等级				得分
		优秀	良好	合格	不合格	
学生表现（50分）	学生课前进行与课堂内容相关的资料调查，必要时要有实地调查，能准备生活中常见的材料设计实验	9~10分	7~9分	6~7分	0~6分	
	学生能够掌握所学科学知识点，并能够科学、合理地对所学内容进行归纳、概括、总结	9~10分	7~9分	6~7分	0~6分	
	学生能积极参与科学探究活动，运用创造性思维和逻辑推理探究解决问题	9~10分	7~9分	6~7分	0~6分	
	学生对科学问题保持着好奇心和探究热情，乐于倾听，大胆质疑，主动与他人合作，完成学习任务	9~10分	7~9分	6~7分	0~6分	
	了解科学知识在日常生活中的应用，尊重科学，热爱自然，珍爱生命	9~10分	7~9分	6~7分	0~6分	

续 表

评价指标	评价要点	评价等级				得分
		优秀	良好	合格	不合格	
教师表现（50分）	教师具有丰富的科学知识储备，准备有代表性、典型性、可操作性的实验材料，提供丰富的学习资源	9~10分	7~9分	6~7分	0~6分	
	教师举止大方得体、教态亲切自然、语言准确规范，创设自主合作探究的科学课堂氛围	9~10分	7~9分	6~7分	0~6分	
	教学环节紧凑，有效组织科学探究活动，引导学生亲历科学活动的全过程，掌握科学知识，培养科学素养	9~10分	7~9分	6~7分	0~6分	
	教学方法多样化，熟练运用多媒体教学手段，关注学生差异，体现不同层次学生的需求	9~10分	7~9分	6~7分	0~6分	
	能够及时对学生提出的疑问进行点拨，注重课上探究与课后拓展的联系，使科学探究活动具有延续性	9~10分	7~9分	6~7分	0~6分	
综合评价					总分	

注：优秀90~100分，良好70~89分，合格60~69分，不合格0~59分。

表3 三年级上册科学第一单元整体设计

领域	生命科学	教学单元	动物与环境
单元内容编排	①动物的四肢；②动物的皮肤；③动物的翅膀；④冬眠与迁徙。 动物通过皮肤、四肢和翅膀接触与感知环境，通过冬眠与迁徙适应季节的变化来维持生存		
课标分析	课标摘录： 三年级上册第一单元“动物与环境”是小学科学课程标准中生命科学领域的内容。其中第九个主要概念：动物能适应环境，通过获取植物和其他动物的养分来维持生存。 第九个主要概念中的第一个学习内容：动物通过不同的器官感知环境。在三、四年级学段能举例说出动物通过皮肤、四肢、翼、鳍、鳃等接触和感知环境。 第九个主要概念中的第二个学习内容：动物能够适应季节的变化。在三、四年级学段举例说出动物适应季节变化的方式，并能说出这些变化对维持动物生存的作用。 教学建议： 课程标准中指导学生进行探究性学习。课标中要求，在本单元中，学生要初步了解动物体的主要组成部分，并能通过收集和分析信息获得证据，经过推理得出结论，并通过有效表达，与他人交流自己的探究结果和观点。学生需要对自然现象保持好奇心和探究热情，乐于参加观察、实验等科学活动，并能在活动中克服困难，完成预定的任务，能基于证据和推理发表自己的见解。通过本单元的学习，能更加热爱自然，珍爱生命，具有保护环境的意识和社会责任感		
教材分析	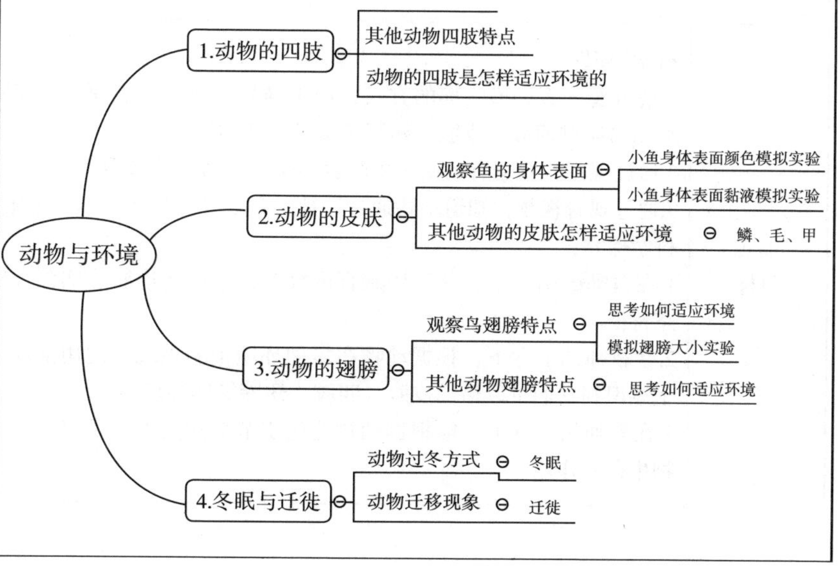		

续 表

领域	生命科学	教学单元	动物与环境
教材分析	单元教材解读： 本单元以“动物与环境”为主题，教科书上呈现了高原上羚羊迁徙的场景，并加入了变色龙、鸽子的特写图，通过单元导语，引导学生思考：动物靠什么适应环境？本单元按照由动物感知环境到适应环境的顺序构建了《动物的四肢》《动物的皮肤》《动物的翅膀》《冬眠与迁徙》四课内容，《动物的四肢》《动物的皮肤》《动物的翅膀》三课引导学生研究动物的四肢、皮肤和翅膀的外部形态特征，并运用推理的方法，意识到动物可以借助皮肤、四肢、翅膀等感知环境，并与环境相适应。《冬眠与迁徙》一课中介绍了动物适应环境的方式：迁徙与冬眠。通过了解动物适应季节变化的方式，说出这些变化对维持动物生存的作用。 本单元是引导学生通过认识动物的身体的形态和特点，知道动物适应环境变化的方式		
学情分析	经过前期的学习，学生已经学习了基础的探究方法。三年级学生注意力的目的性增强了，注意力保持的时间更持久，开始从被动学习向主动学习转变。 二年级下册学生已经学习了“动物感知环境”单元，以动物的感觉器官为研究对象，知道了动物眼、耳、鼻等感觉器官的特点、作用以及如何与动物的生活环境相适应的。学生对动物的皮肤、四肢、翅膀等器官的特点和作用都有初步的认识，但是还没有有意识地去研究，缺乏真实的体验，对于动物器官的特点、作用以及动物活动与周围环境之间的关系缺乏认识		
单元目标	科学知识： 1.通过看一看、摸一摸的方式，说出猫足、鱼身体表面、鸟翅膀的特点，理解动物通过四肢、皮肤、翅膀等接触和感知环境。 2.通过观察，知道有的动物皮肤表面覆盖着鳞、毛或甲等。 3.通过观看视频，知道动物通过迁徙、冬眠等方式适应季节变化。 科学探究： 1.在教师的引导下，能运用感官观察并描述动物皮肤、四肢、翅膀的外部形态特征。 2.在教师的引导下，根据动物在多种环境中的表现，运用推理的方法，让学生意识到它们可以借助皮肤、四肢、翅膀等感知环境。 3.在教师的引导下，能根据动物适应季节变化的方式说出这些变化对维持动物生存的作用。		

续 表

领域	生命科学	教学单元	动物与环境
单元目标	科学态度： 1.能在好奇心的驱使下，对动物如何通过皮肤、四肢、翅膀等感知环境表现出探究兴趣。 2.乐于尝试运用多种材料探究动物如何通过皮肤、四肢、翅膀等感知环境。 科学、技术、社会与环境： 通过对动物器官的研究，树立保护动物及参与环境保护活动的意识		

表4 《动物的四肢》一课的教学设计

课时目标： 1.通过观察图片、视频等方式，观察猫足的特点，知道猫是如何通过四肢接触、感知并适应环境的；通过图片观察其他动物四肢的特点，并描述动物四肢的外部形态特征。 2.通过模拟实验，了解猫足肉垫对猫生存的作用；依据动物四肢的外部特征及在多种环境中的表现，运用推理的方法，意识到它们可以借助四肢接触、感知并适应环境。 3.能在好奇心的驱使下，对动物如何通过四肢感知并适应环境表现出探究兴趣。 4.能树立保护动物及参与环境保护活动的意识		
评价任务： 1.观察猫爬树、捕食等视频和猫足的放大图，说一说猫足的特点。 2.设计模拟实验，并通过模拟猫足的肉垫的实验，探究出猫足肉垫的作用。 3.观察图片，分别说一说猴子、青蛙、鳄鱼等动物四肢的外部特征，并说说动物四肢外部特征与其生活环境的关系。 4.观看视频，利用本课学习的知识，解释骆驼脚掌与其在沙漠生活的关系		
教学准备	教师准备：PPT（含猫足及其他动物的图片、视频等） 学生准备：毛巾、橡皮筋	
教学过程		
教学环节	教学活动	评价标准
激趣引入	出示草原上奔跑的羚羊、兔子等各种动物运动的图片，提问：动物是靠什么器官运动的? 引入：动物的四肢	
观察猫足	评价任务一：观察猫爬树、捕食等视频和猫足的放大图片，说一说猫足的特点。 出示猫爬树、捕食的视频和猫足放大图片，观察猫足的特点，结合生活经验，小组交流猫足肉垫和爪子的作用。	

续 表

教学过程		
教学环节	教学活动	评价标准
观察猫足	总结： 猫足肉垫的作用——消音、缓冲、防滑、感知震动等；爪子的作用——爬树、搏斗、捕食、刨土等。 思考：猫足的肉垫和爪子还有哪些作用? 教师补充资料：猫足的肉垫还可以感知不同物体的性质、形状以及散热等	
设计模拟实验：探究猫足作用	评价任务二：设计模拟实验，并通过模拟猫足肉垫的实验，探究猫足肉垫的作用。 通过模拟猫足肉垫的实验，探究猫是如何通过足接触和感知环境的。 思考：凳子和毛巾分别模拟猫足的哪部分? 交流实验步骤和注意事项： 用凳子腿模拟猫足，用毛巾模拟猫足的肉垫。 凳子腿上不包毛巾和凳子腿上包上毛巾，拉动凳子，有什么不同? 学生实验。 交流：凳子腿上不包毛巾拉动凳子，震动大、声音大；凳子腿上包上毛巾拉动凳子，震动小、声音小。 结论：猫足的肉垫有消音、缓冲、防滑的作用	
探究其他动物四肢外部特征与生活环境的关系	评价任务三：观察图片，分别说一说猴子、青蛙、鳄鱼等动物四肢的外部特征，并说说动物四肢外部特征与其生活环境的关系。 1.说一说其他动物的四肢有什么特点。 出示猴子、青蛙、鳄鱼的图片，引导学生对比观察它们的四肢。（它们分为哺乳动物、两栖动物、爬行动物，有的生活在水中，有的生活在陆地） 学生汇报、交流。 总结：猴子后肢比前肢粗壮，利于跳跃。青蛙后肢比前肢长且粗壮有力，利于游泳。鳄鱼四肢粗短，趾间有蹼，利于游泳，后肢比前肢长、粗壮，利于爬行。 2.根据不同动物的四肢特点，总结归纳出动物四肢与生活环境的关系。 出示海龟、马、猩猩、袋鼠的图片，观察它们的四肢。	1.说出猴子、青蛙、鳄鱼等动物的四肢特点（☆） 2.说出猴子、青蛙、鳄鱼等动物的四肢特点与生活环境的关系（☆）

续 表

教学过程		
教学环节	教学活动	评价标准
探究其他动物四肢外部特征与生活环境的关系	思考：它们生活在什么样的环境中？它们四肢的这些特点对它们的生存有什么意义？ 学生汇报、交流。 总结：海龟生活在海洋中，四肢变成鳍状且如桨，利于游泳；马生活在草原上，四肢强健而匀称，奔跑速度快；猩猩生活在森林中，上肢比下肢粗长，利于丛林中攀援；袋鼠生活在草原…… 补充更多的动物（壁虎、鸡等），思考：这些动物怎样借助四肢感知环境？ 归纳推理：动物通过四肢接触和感知环境，四肢的不同特点对维持动物生存有着重要作用	3.说出海龟、马、猩猩、袋鼠的四肢特点与它们的生存环境的关系（☆） 4.归纳出动物通过四肢接触和感知环境（☆）
拓展活动	评价任务四：观看视频，利用本课学习的知识，解释骆驼脚掌与其在沙漠生活的关系。 1.观看视频，观看骆驼脚掌的特点和生活环境。 2.思考：骆驼脚掌的哪些特点有利于骆驼在沙漠中行走	
板书设计	1.动物的四肢 猫足：肉垫（消音、缓冲、防滑） 猫爪　　（爬树、搏斗） 四肢→环境	

表5　《动物的四肢》一课导学案

班级：	组名：	姓名：	书写等级：	批阅等级：
学习目标	1.我能知道动物通过四肢接触、感知并适应环境。 2.我能描述动物四肢的外部形态特征，并通过模拟实验了解猫足肉垫对猫生存的作用。 3.我能运用推理的方法，意识到动物可以借助四肢接触、感知并适应环境			

续 表

合作学习： 1.观察到的猫足的特点是什么？ 2.怎样设计模拟实验，研究猫足肉垫的作用？ 3.猴子、青蛙、鳄鱼的四肢有什么特点？ 4.海龟、马、猩猩、袋鼠的四肢是怎样适应环境的？ 延展学习： 查阅资料，了解骆驼脚掌的哪些特点有利于骆驼在沙漠中行走。	学习小贴士： 请借助文中图片，认真观察，思考问题

《数学（三年级下册）》课程纲要

课程名称：数学

课程类型：国家课程

教材来源：《数学（三年级下册）》，青岛出版社，2013年版

授课对象：小学三年级

授课时间：67课时

设 计 者：王洪娟　夏英英　李淑萍

【背景分析】

本册教材共设八个单元，具体所属领域如图1所示。

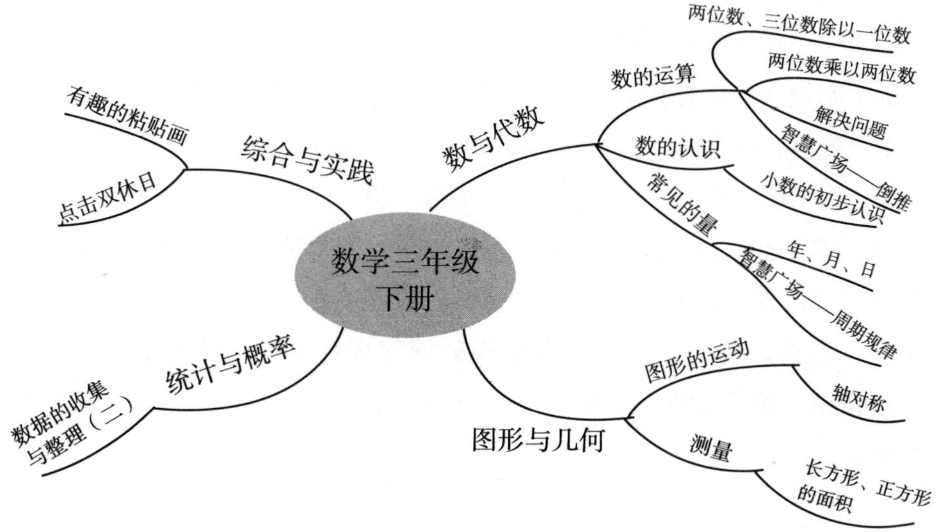

图1　数学三年级下册思维导图

数与代数领域占比很大，除了发展学生们的计算能力以外，也开始发展学生们分析问题、解决问题的能力。本学期应当更加注重发展学生的数感、空间观念、数据分析观念、运算能力、推理能力和模型思想等。

在日常教学中，应当充分利用学生已有的生活经验，创设吸引学生的情境模式，让学生在生动、具体、熟悉的情境中理解和认识数学知识，引导学生独立思考、合作交流，并注重体验的过程，在活动中加深对知识的理解。

三年级下学期的学生在经历了两年半的数学学习后，掌握了一定的数学知识、技能和素养，数学学习与生活实际不再是单独存在的个体，能够初步地将它们联系起来用于解决身边的问题，并且具备一定收集、整理、分析信息的能力，但学生在数感、推理能力、空间观念等方面还有待加强。

【课程目标】

（1）学生结合具体情境初步认识小数，能读、写小数，能比较一位小数的大小，发展数感；能正确计算两位数、三位数除以一位数，两位数乘以两位数，以及一位小数加减法，理解算理，掌握算法，提高运算能力。

（2）学生通过操作、观察、比较和交流等方法认识钟表，了解24时计时法，认识年、月、日，了解年、月、日之间的关系；结合生活经验体验时间的长短，建立时间观念。

（3）学生通过观察、操作，感受轴对称现象，初步认识轴对称图形，发展学生的空间观念；结合具体实例认识面积，体会、认识面积单位，能够进行简单的单位换算；通过测量、操作、观察等方式探索并掌握长方形和正方形的面积公式，会估计简单图形的面积，建立模型思想。

（4）学生通过自主调查、收集、整理、分析数据，经历一些简单的数据收集和整理过程，了解调查、测量等收集数据的方法，能用自己喜欢的方式（文字、表格以及条形图等）来呈现数据整理的结果，体会数学在日常生活中的作用，感受数据蕴含的信息，获得数学活动的经验，形成一定的数据分析观念。

【课程内容】

表1 数学课程纲要内容

课程内容	学习内容	课时
开学第一课	分享课程纲要	1
第一单元 两位数、三位数 除以一位数	信息窗1：两位数除以一位数口算、几百几十数除以一位数口算	1
	信息窗2：三位数除以一位数（商是两位数）的笔算	2
	信息窗3：三位数除以一位数（商中间有0）的笔算	2
	信息窗4：三位数除以一位数（末尾有0）的笔算	2
	三位数除以一位数笔算练习	1
	知识归纳、梳理并进行测试	2
第二单元 对称	认识对称现象和轴对称图形	1
	练习	1
第三单元 两位数乘以两位数	信息窗1：两位数乘以整十数的口算	1
	信息窗2：两位数乘以两位数（不进位）的笔算	4
	信息窗3：两位数乘以两位数（进位）的笔算	3
	两位数乘以两位数的笔算练习	2
	知识归纳、梳理并进行测试	2
综合与实践	有趣的粘贴画	1
第四单元 解决问题	信息窗1：连乘、连除问题	2
	信息窗2：用乘除两步计算解决问题	2
	乘除两步计算练习	1
	知识归纳、梳理并进行测试	2
第五单元 长方形和正方形 的面积	信息窗1：认识面积和面积单位	1
	信息窗2：长方形、正方形面积计算	2
	信息窗3：周长与面积的比较	2
	巩固练习	1
	知识归纳、梳理并进行测试	2

续 表

课程内容	学习内容	课时
智慧广场	倒推	1
第六单元 年、月、日	信息窗1：认识24时计时法 简单的时间计算	2
	信息窗2：认识年、月、日	2
	知识归纳、梳理并进行测试	2
第七单元 小数的初步认识	信息窗1：初步认识小数	2
	信息窗2：一位小数加减法	1
	巩固练习	1
	知识归纳、梳理并进行测试	1
智慧广场	周期规律	1
第八单元 数据的收集与 整理（二）	用表格和条形图整理数据	1
	巩固练习	1
综合与实践	点击双休日	1
回顾整理—— 总复习	期末复习	5
	各单元知识点归纳、梳理并进行自主测试	5

【课程实施】

1. 课程资源

（1）《数学（三年级下册）》，青岛出版社，2013年版。

（2）《数学同步练习册（三年级下册）》，青岛出版社，2020年版。

（3）《数学文化读本（三年级下册）》，西南师范大学出版社，2015年版。

（4）教具与学具：轴对称图形卡片、米尺、日历表、自制的长方形和正方形教具。

2. 实施建议

（1）本学期继续采用“学教评一致性”引领的课堂教学模式，需要根据具体的评价任务给自己的课堂表现打分，以此帮助教师了解学生对于学习目标的掌握程度。

（2）学生的自主学习与合作学习有机结合，提高数学学习的效率。

（3）注重计算教学，提高学生的计算能力。在计算教学时，要通过操作、探索等学习方式引导学生理解算理、掌握算法。

（4）重视问题解决方法的训练，提高解决问题的能力。在教学时，应注重引导学生收集、整理信息和问题，能让学生交流自己的想法，说出解题方法。

（5）扎实有效开展阅读，在阅读教学时，要通过文字、图画等激发学生的阅读兴趣，拓宽学生的知识面，提高阅读分析能力。

（6）本学期有两次实践活动：一次是“有趣的粘贴画”，评价时关注活动的思考、制作、反思、交流等各个环节，通过评价相互交流、相互促进；另一次是“点击双休日”，让学生体会数学与生活的紧密联系。

【课程评价】

（一）评价方式

学期总评成绩（100分）=过程性评价成绩（20分）+结果性评价成绩（80分）。

1. 过程性评价成绩（20分）

过程性评价成绩（20分）=课堂表现（5分）+作业表现（5分）+实践活动表现（2分）+数学阅读（2分）+数学竞赛（2分）+单元测试（4分）（见表2）。

表2 过程性评价表

评价项目	评价要素	评价等级（分值）
课堂表现（5分）	认真听讲、回答问题	根据上课听讲、小组合作参与度、思考问题和主动发言情况，分为三个等级：好（5分）、较好（3分）、一般（1分）
作业表现（5分）	书写、质量、态度	根据作业是否认真完成、作业的质量和纠错情况，分为三个等级：好（5分）、较好（3分）、一般（1分）
实践活动表现（2分）	有趣的粘贴画	根据动手操作能力、设计美观程度，分为两个等级：好（1分）、一般（0分）

续 表

评价项目	评价要素	评价等级（分值）
实践活动表现（2分）	点击双休日	根据能否在小组中积极与他人合作，能否选择合适的方案收集、整理、分析数据，并能对自己进行反思，分为两个等级：好（1分）、一般（0分）
数学阅读（2分）	阅读理解能力、题目正确性	根据能否通过阅读和思考获得相应的数学知识、正确地解决问题，分为两个等级：好（2分）、一般（1分）
数学竞赛（2分）	等级、正确性	根据规定时间内计算的正确性、数学思维表达的完整性，分为两个等级：好（2分）、一般（1分）
单元测试（4分）	等级、书写	根据每次单元测试的等级以及能否认真纠错，分为三个等级：好（4分）、较好（3分）、一般（1分）

2. 结果性评价成绩（80分）

结果性评价成绩以期末考试卷面成绩的80%计入总评。

（二）评价结果呈现

学期总评成绩以等级呈现，共分为四个等级。等级与分值换算如下：A（≥85分），B（70～84分），C（60～69分），D（<60分）。

表3 基于课程标准的小学数学三年级下册第七单元整体设计

领域		数与代数	教学单元	小数的初步认识
单元内容安排		两个信息窗： 信息窗1：小数的初步认识 信息窗2：一位小数加减法		
课标要求	内容要求	《义务教育小学数学课程标准（2011年版）》在数的运算中明确指出： （1）能结合具体情境初步认识小数，能读、写小数。 （2）能结合具体情境比较两个一位小数的大小。 （3）能运用小数表示日常生活中的一些事物，并能进行交流。 （4）会进行一位小数的加减运算		

续 表

领域		数与代数	教学单元	小数的初步认识
课标要求	教学建议	在课标中对数学知识的教学建议应注重学生对所学知识的理解，体会数学知识之间的联系。为了帮助学生真正理解数学知识，教师应注重数学知识与学生生活经验的联系，引导学生进行观察、分析、抽象概括，并运用知识进行判断。教师还应揭示知识的数学实质及其体现的数学思想，帮助学生厘清相关知识之间的区别和联系。“小数的初步认识”这一单元中，体现在让学生体会小数与分数的区别和联系。 数学知识的教学要注重知识的“生长点”与“延伸点”，把每堂教学的知识置于整体知识的体系中，注重知识的结构和体系，处理好局部知识与整体知识的关系，引导学生感受数学的整体性，体会对于某些数学知识可以从不同的角度加以分析，从不同的层次进行理解		
整体分析	一、教材分析 横向分析： 北师大版不同于别的版本（在三年级上册学习的这部分知识），是在学生学习了元、角、分与100以内数的认识和加减法的基础上展开的，还没有学习分数的初步认识，因此学生对沟通分数和小数之间的联系还很陌生。 人教版是在一年级下册学习了人民币元、角、分之间的关系，二年级认识了长度单位，三年级上册学习了“分数的初步认识”，并在此基础上学习小数。人教版开始就用小数表示以元为单位的商品价格，进而引出小数，再用长度单位沟通分数和小数的联系。 苏教版在学习这个内容之前，分别在三年级上册第七单元和三年级下册第七单元学习了分数的相关知识，学生对于分数已经有了一个比较全面的认识，教材直接以长度单位引入读、写小数以及沟通分数与小数。但只研究了一位小数，直到五年级认识小数时才涉及了元、角、分中的小数。 青岛版教材是在学生掌握了整数四则运算、初步认识了分数的基础上学习的，是学习小数的起始阶段，是进一步学习小数的意义，沟通分数和小数联系的重要基础，是对数认识的再一次扩展。教材在编排三年级上册时，让学生先学习“分数的初步认识”，本册再学习“小数的初步认识”。分数的初步认识是认识小数的基础，从分数与小数所表示的意义来看，分数与小数实质上属于同一个意义（即平均分）之下的两种不同表示方式，只不过分数对平均分意义的抽象更容易被小学生理解和接受，这样编排符合小学生的认知规律和科学的编排体系。 这四个版本的教材内容都由“初步认识”“大小比较”和“简单加减法”三部分内容组成。学习素材一般都是元角分、直尺和图形三种。			

续 表

<table>
<tr><th>领域</th><th>数与代数</th><th>教学单元</th><th>小数的初步认识</th></tr>
<tr><td>整体分析</td><td colspan="3">纵向分析：

小数
- 三年级下册第七单元 小数的初步认识：1.能结合具体情境初步认识小数，能读、写小数。2.能结合具体情境比较两个一位小数的大小。3.会进行一位小数的加减运算
- 四年级下册第五单元 小数的意义和性质：1.结合具体情境，理解小数的意义。2.会比较小数的大小，掌握小数点位置移动引起小数大小变化的规律。3.会用“四舍五入”法求小数的近似数
- 四年级下册第七单元 小数的加减法：1.理解小数加减法的意义，掌握小数加减法及小数加减混合运算的计算方法，理解算理。2.感受整数加减运算律对于小数同样适用
- 五年级上册第一单元 小数乘法：1.理解小数乘法的算理，学会计算方法并会正确计算。2.掌握小数乘加、乘减混合运算的运算顺序，能运用乘法运算律进行简便计算
- 五年级上册第三单元 小数除法：1.理解小数除法的算理，学会计算方法并会正确计算。2.掌握小数四则混合运算的运算顺序，并能正确计算。3.会用“四舍五入”法求商的近似值，认识有限小数、无限小数和循环小数
- 五年级下册相关链接 分数与小数的互化：掌握小数与分数的互化（包括十进分数化小数和非十进分数化小数两种情况）

二、学情分析
这是学生第一次学习小数，由于小数在生活中比较常见，因此大多数学生对于小数并不陌生。超市中物品的价格、体温计上的温度等学生都见过。在一年级认识人民币时，学生对用小数表示物价就已有了初步的感知与认读，而且三年级的学生已经有了比较多的购物经历，学生见得最多的小数就是商品的价格。在教学时要充分利用小数与日常生活的密切联系，创设贴近儿童生活实际的情境，让学生在熟悉的情境中认识小数。过去所学的单位间的换算，无论是大化小还是小化大，都只是停留在整数的范围里面，这里要先看一个数是另一个数的几分之几，然后将其转化成小数的表现形式，难度比较大</td></tr>
</table>

续 表

<table>
<tr><td colspan="2">领域</td><td>数与代数</td><td>教学单元</td><td>小数的初步认识</td></tr>
<tr><td rowspan="3">分解目标</td><td>能结合具体情境初步认识小数，会读、写小数</td><td colspan="3">1.看到小数能正确地读出小数。
2.根据小数的读法能正确地写出小数。
3.在生活情境中感受小数并能说出以元、米等为单位的小数的实际含义。
4.通过与以前学过的整数、分数对比，能发现小数的特征以及小数与分数、整数之间的区别和联系</td></tr>
<tr><td>能结合具体情境比较一位、两位小数的大小</td><td colspan="3">1.借助米尺、人民币等实物，能直观比较出小数的大小。
2.通过单位互化，能将小数转化成整数进行比较。
3.根据小数与分数的联系，能将小数转化成分数进行比较。
4.在用多种方法比较小数大小的过程中，感受转化思想</td></tr>
<tr><td>会计算一位小数的加减法</td><td colspan="3">1.通过单位互化，能将小数加减法转化成整数加减法进行计算。
2.能利用整数加减法的计算方法自主迁移，用竖式计算，理解算理，掌握算法。
3.能够用小数加减法解决简单的实际问题</td></tr>
<tr><td>核心素养</td><td colspan="4">数感
运算能力
模型思想
数形结合</td></tr>
<tr><td>课时分配</td><td colspan="4">1.信息窗1：小数的初步认识　　3课时
2.信息窗2：一位小数加减法　　1课时
3.单元复习课　　1课时</td></tr>
</table>

附：

课时备课：“基于课程标准的学教评一致性”教学设计（见表4）。

表4 “基于课程标准的学教评一致性”课时教学设计

主题	一位小数加减法	三年级下册	第七单元	第4课时
课标分析	课程目标：会进行一位小数的加减运算。 课程内容：会进行一位小数的加减运算，并能解决生活中的简单问题。 实施建议：充分借助学生已有的认知基础和生活经验探究新知，鼓励学生用多种方法解决问题，体验竖式计算的优越性			
教材分析	一位小数的加减法是学习小数加减计算的开始，也是今后学习小数四则混合运算的基础。一位小数的加减法，重点是理解一位小数加减法的算理，掌握算法，难点是能正确处理小数加减计算过程中需要进位和退位的算法问题，能熟练地进行计算			
学情分析	1.学生初步认识了小数，掌握了整数加减法的计算方法，并在生活实践中对一位小数的加减法有了一些感性认识。 2.因为学生已有学习整数加减法的经历，所以能够根据加减法的意义列出算式，难点是怎样列竖式进行计算。在教学中，应注重用生活情境与知识迁移帮助学生理解进位和退位的算理，并掌握算法，为今后学习小数四则混合运算打下坚实的基础。 3.三年级学生以形象思维为主，在教学时要注重问题情境的创设，通过多媒体技术，将教科书内容动态化、情境化，让学生根据情境中的信息去主动发现问题、提出问题，根据已有经验自主探索解决问题的办法，获得学数学、用数学的乐趣			
学习目标	知识目标： 1.会计算一位小数的加减法。 2.能说清一位小数的加减法竖式计算的道理。 技能目标： 能够用小数加减法解决简单的实际问题。 理解目标： 小数加减法是几个相同计数单位的累加或减少			
评价任务	评价任务一： 解决“抽油烟机离地面有多高”的问题。 要求： 1.列出算式，并能说出为什么这样列式。 2.用喜欢的方法计算出结果，并说清楚这样算的道理是什么。			

续 表

主题	一位小数加减法	三年级下册	第七单元	第4课时
评价任务	评价任务二： 解决“书柜比书桌高多少米”的问题。 要求： 1.列出算式，并能说出为什么这样列式。 2.用你喜欢的方法计算出结果。 3.和小组同学交流计算方法，比一比谁的方法更简单			
核心素养	模型思想 运算能力			
阅读资源	数学故事《小猪遇难记》			

表5　小数加减法教学活动设计

指向目标	教学活动	评价标准
学习目标	一、创设情境，提出问题 小明家购买了新房，要进行装修。 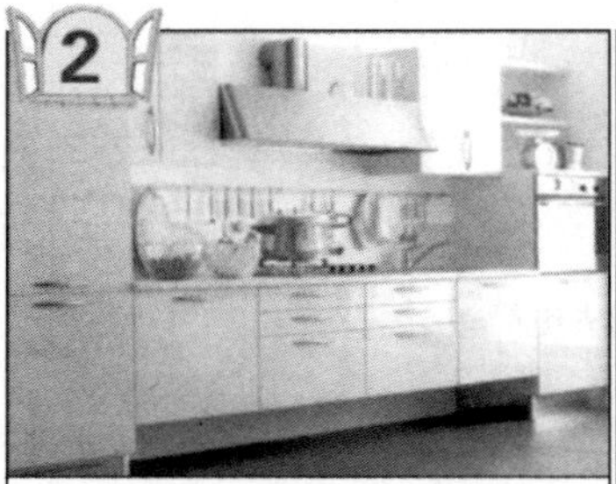 灶台的适宜高度为0.7米左右。 抽油烟机离灶台0.6米左右。  椅子高0.4米。 书桌高0.7米。 书柜高1.5米。 上面是小明搜索的一些有关家居的知识，请仔细观察情境图，你能获取哪些有价值的数学信息？你能提出哪些数学问题？ 学生汇报，教师筛选问题并板书： （1）抽油烟机离地面有多高？ （2）书柜比书桌高多少米？	1.能正确列出算式，并能说出为什么这样列式（☆） 2.能正确计算出结果（☆） 3.能说清楚你是怎样计算的（☆）

续 表

指向目标	教学活动	评价标准
学习目标	二、解决问题，合作探索 （一）出示评价任务一及评价标准 同学们提出了这么多有价值的数学问题，下面我们先来解决“抽油烟机离地面有多高”的问题。 要求： 1.列出算式，并用喜欢的方法计算出结果。 2.小组内互相说一说为什么这样列式以及这样算的道理是什么。 （1）学生先独立思考，完成任务一。 （2）组织学生交流。学生展示单位换算、竖式等计算方法，通过对不同方法的对比，优化算法，引导学生尝试用竖式计算，并初步总结出小数加法竖式计算的方法。 （3）教师点拨提升。单位换算的方法：像这样我们把小数通过单位换算，变成整数，计算结束后，我们又将结果换算成小数，在数学上，我们称之为“转化”的数学思想。 竖式计算的方法：相同数位对齐（小数点要对齐），从末位加起，哪位相加满十，就向前一位进一，得数对齐横线上的小数点，点上小数点。 （4）学生修正、对照评价标准自评。 （二）出示评价任务二及评价标准 下面我们再来解决“书柜比书桌高多少米”的问题。 要求： 1.列出算式，并能说出这样列式的道理。 2.用你喜欢的方法计算出结果。 3.小组内交流计算方法，比一比谁的方法更简单。 （1）学生独立完成。 （2）组织展示交流。 （3）教师点拨提升。 相同数位对齐（小数点要对齐）；从末位减起，哪一位不够减，向前一位借“1”作“10”再减，得数对齐横线上的小数点，点上小数点。 （4）学生修正，对照标准自评。 （三）抽象概括，总结提升 刚才我们共同研究出小数加法和减法的计算方法，它与整数加减法的计算方法有什么相同之处？在计算小数加减法时要注意什么？	1.能正确列出算式，并能说出为什么这样列式（☆） 2.能正确计算出结果（☆） 3.能说清楚你是怎样计算的（☆）

续 表

<table>
<tr><th>指向目标</th><th>教学活动</th><th>评价标准</th></tr>
<tr><td>学习目标</td><td>三、巩固应用，拓展提高
相信大家已经理解并掌握了小数加减法的计算方法，并会用它来解决问题。现在让我们一起来试试吧。
1.计算
$\begin{array}{r}0.9\\+\ 0.6\\\hline\end{array}$　$\begin{array}{r}1.6\\+\ 0.2\\\hline\end{array}$　$\begin{array}{r}1.2\\-\ 0.7\\\hline\end{array}$　$\begin{array}{r}1.7\\-\ 1.5\\\hline\end{array}$
2.解决问题
 2.5元　 4.2元　 1.6元　 0.9元
（1）买一本笔记本和一个笔袋一共花多少钱？
（2）橡皮比尺子贵多少元？
（3）5元钱可以买哪两种物品？
（4）你还能提出什么问题？
四、课堂总结
通过这节课的学习，你有哪些收获？（学生交流收获）</td><td></td></tr>
<tr><td>板书设计</td><td>一位小数的加减法
$\begin{array}{r}0.6\\+\ 0.7\\\hline 1.3\end{array}$　$\begin{array}{r}\dot{1}.5\\-\ 0.7\\\hline 0.8\end{array}$</td><td></td></tr>
</table>

《综合实践活动（三年级下册）》课程纲要

课程名称：综合实践

课程类型：地方课程

教材来源：《综合实践活动（三年级下册）》，中国石油大学出版社，2020年版

授课对象：小学三年级

授课时间：19课时

设 计 者：张建媛

《中小学综合实践活动课程指导纲要》解读

一、突出强调基本属性

第一，中小学综合实践活动是义务教育课程方案规定的必修课程，与学科课程并列设置，各年级全面实施，所有学生都要学习，都要参加。

第二，中小学综合实践活动是跨学科实践课程，注重引导学生在实践中学习，在探究、服务、制作、体验中学习，分析和解决现实问题。

第三，中小学综合实践活动是动态开放性课程，强调从学生的真实生活和发展需要出发，选择并确定活动主题，鼓励学生根据实际需要，对活动过程进行调整和改进，从而实现活动目的。课程实施不以教材为主要载体，不是按照相对固定的内容体系进行教学。在这一点上，与学科课程也有显著区别。

二、课程目标

总目标：学生能从个体生活、社会生活及与大自然的接触中获得丰富的实践经验，形成并逐步提升对自然、社会和自我之内在联系的整体认识，具有价值体认、责任担当、问题解决、创意物化等方面的意识和能力。

考虑到综合实践活动课程的跨学段性质，为便于操作，在提出总目标的基础上，具体分为价值体认、责任担当、问题解决、创意物化四个方面，突出综合实践活动中的价值体认与践行。

三、课程活动方式

（1）考察探究。考察探究是学生基于自身兴趣，在教师的指导下，从自然、社会和学生自身生活中选择与确定研究主题，开展研究性学习，在观察、记录和思考中，主动获取知识，分析并解决问题的过程，如野外考察、社会调查、研学旅行等，它注重运用实地观察、访谈、实验等方法获取材料，形成理性思维、批判质疑和勇于探究的精神。考察探究的关键要素包括：发现并提出问题；提出假设，选择方法，研制工具；获取证据；提出解释或观念；交流、评价探究成果；反思和改进。

（2）社会服务。社会服务是指学生在教师的指导下，走出教室，参与社会活动，以自己的劳动满足社会组织或他人的需要，如公益活动、志愿服务、勤工俭学等，它强调学生在满足被服务者需要的过程中，获得自身发展，促进相关知识技能的学习，提升实践能力，从而成为履职尽责、敢于担当的人。社会服务的关键要素包括：明确服务对象与需要；制订服务活动计划；开展服务行动；反思服务经历，分享活动经验。

（3）设计制作。设计制作是指学生运用各种工具、工艺（包括信息技术）进行设计，并动手操作，将自己的创意、方案付诸现实，转化为物品或作品的过程，如动漫制作、编程、陶艺创作等，它注重提高学生的技术意识、工程思维、动手操作能力等。在活动过程中，鼓励学生手脑并用，灵活掌握、融会贯通各类知识和技巧，提高学生的技术操作水平、知识迁移水平，体验工匠精神等。设计制作的关键要素包括：创意设计；选择活动材料或工具；动手制作；

交流展示物品或作品；反思与改进。

（4）职业体验。职业体验是指学生在实际工作岗位上或模拟情境中见习、实习，体认职业角色的过程，如军训、学工、学农等，它注重让学生获得对职业生活的真切理解，发现自己的专长，培养职业兴趣，形成正确的劳动观念和人生志向，提升职业生涯规划能力。职业体验的关键要素包括：选择或设计职业情境；实际岗位演练；总结、反思和交流经历过程；概括提炼经验，行动应用。

综合实践活动除了以上活动方式外，还有党、团、队教育活动，博物馆参观等。综合实践活动方式的划分是相对的，在活动设计时可以有所侧重，以某种方式为主，兼顾其他方式，也可以整合方式实施，使不同活动要素彼此渗透、融会贯通。要充分发挥信息技术对于各类活动的支持作用，有效促进问题解决、交流协作、成果展示与分享等。

四、教师指导活动

（1）活动准备阶段：教师要充分结合学生经验，为学生提供活动主题选择以及提出问题的机会，引导学生构思选题，鼓励学生提出感兴趣的问题，并及时捕捉活动中学生动态生成的问题，组织学生就问题展开讨论，确立活动目标内容。要让学生积极参与活动方案的制订过程，通过合理的时间安排、责任分工、实施方法和路径选择，对活动可利用的资源及活动的可行性进行评估等，增强活动的计划性，提高学生的活动规划能力。同时，引导学生对活动方案进行组内及组间讨论，吸纳合理化建议，不断优化完善方案。

（2）活动实施阶段：教师要创设真实的情境，为学生提供亲身经历与现场体验的机会，让学生经历多样化的活动方式，促进学生积极参与活动过程，在现场考察、设计制作、实验探究、社会服务等活动中发现和解决问题，体验和感受学习与生活之间的联系。要加强对学生活动方式与方法的指导，帮助学生找到适合自己的学习方式和实践方式。教师指导重在激励、启迪、点拨、引导，不能对学生的活动过程包办代替，还要指导学生做好活动过程的记录和活动资料的整理。

（3）活动总结阶段：教师要指导学生选择合适的结果呈现方式，鼓励用多种形式的结果呈现与交流，如绘画、摄影、戏剧与表演等，对活动过程和活动结果进行系统梳理与总结，促进学生自我反思与表达、同伴交流与对话。要指导学生学会通过撰写活动报告、反思日志、心得笔记等方式反思成败得失，提升个体经验，促进知识建构，并根据同伴及教师提出的反馈意见和建议查漏补缺，明确进一步的探究方向，深化主题探究和体验。

五、教师评价活动

（1）突出发展导向。坚持学生成长导向，通过对学生成长过程的观察、记录、分析，促进学校及教师把握学生的成长规律，了解学生的个性与特长，不断激发学生的潜能，为更好地促进学生成长提供依据。评价的首要功能是让学生及时获得关于学习过程的反馈，改进后续活动。要避免评价过程中只重结果、不重过程的现象。要对学生作品进行深入分析和研究，挖掘其背后蕴藏的学生的思想、创意和体验，杜绝对学生的作品随意打分和简单排名等功利主义做法。

（2）做好写实记录。教师要指导学生客观记录参与活动的具体情况，包括活动主题、持续时间、所承担的角色、任务分工及完成情况等，及时填写活动记录单，并收集相关事实材料，如活动现场照片、作品、研究报告、实践单位证明等。活动记录、事实材料要真实、有据可查，为综合实践活动评价提供必要基础。

（3）建立档案袋。在活动过程中，教师要指导学生分类整理、遴选具有代表性的重要活动记录、典型事实材料以及其他有关资料，并对其进行编排、汇总、归档，形成每个学生的综合实践活动档案袋，并纳入学生综合素质档案。档案袋是学生自我评价、同伴互评、教师评价学生的重要依据。

（4）开展科学评价。原则上，在每学期末，教师要依据课程目标和档案袋，结合平时对学生活动情况的观察，对学生综合素质的发展水平进行科学分析，写出有关综合实践活动情况的评语，引导学生扬长避短，明确努力的方向。

学期纲要

【理论基础】

学教评一致性是有效教学的基本原理。综合实践学教评一致性的理论基础首先要依据《中小学综合实践活动课程指导纲要》（以下简称“课程纲要”），教学目标是学教评一致性的核心。如果教学目标得不到解决，那么学教评一致性也就得不到解决。课程纲要决定了教学的大方向，但落实到具体某一内容时，教学目标是重中之重。我们从课程标准、教材解读、学情分析三个方面来确定教学目标，从教学目标来设计评价任务，再从教学目标、评价任务来设计评价标准，从整个设计上保证学教评一致性。

【课程名称】

综合实践活动。

【课程类型】

地方课程。

【教学材料】

《综合实践活动（三年级下册）》，中国石油大学出版社，2020年版。

【授课对象】

小学三年级。

【授课时间】

19课时。

【背景分析】

综合实践活动是国家义务教育和普通高中课程方案规定的必修课程，与学科课程并列设置，是基础教育课程体系的重要组成部分，是从学生的真实生活和发展需要出发，从生活情境中发现问题，将其转化为活动主题，通过探究、服务、制作、体验等方式，培养学生综合素质的跨学科实践性课程。

三年级下册教材由“家务劳动”“劳动技术”“社会服务”“职业体验”“考察探究”“专题活动”六大板块组成，每一个板块下有一至两个活动主题，每一个主题活动包括“活动导航”“问题发现”“开心活动”“交流展示”“拓展提升”“活动评价”六部分内容。

通过两年半的学习和探究、实践，学生已掌握许多的探究、实践方法，对这门课程比较感兴趣，这一学期要注重发展他们的实践能力、创新能力以及多方面的综合素养。

【课程目标】

（1）课程目标以培养学生综合素质为导向。本课程强调学生综合运用各学科知识，认识、分析和解决现实问题，提升综合素质，着力发展核心素养，特别是社会责任感、创新精神和实践能力，以适应快速变化的社会生活、职业世界和个人自主发展的需要，迎接信息时代和知识社会的挑战。

（2）课程开发面向学生的个体生活和社会生活。本课程面向学生完整的生活世界，引导学生从日常学习生活、社会生活或与大自然的接触中提出具有教育意义的活动主题，使学生获得关于自我、社会、自然的真实体验，建立学习与生活的有机联系。

（3）课程实施注重学生主动实践和开放生成。本课程鼓励学生从自身成长需要出发，选择活动主题，主动参与并亲身经历实践过程，体验并践行价值信念。在实施过程中，随着活动的不断展开，在教师的指导下，学生可根据实际需要，对活动的目标与内容、组织与方法、过程与步骤等做出动态调整，使活动不断深化。

（4）课程评价主张多元评价和综合考察。本课程要求突出对学生发展的评价，充分肯定学生活动方式和问题解决策略的多样性，鼓励学生自我评价与同伴间的合作交流和经验分享。提倡多采用质性的评价方式，避免将评价简化为分数或等级。要将学生在综合实践活动中的各种表现和活动成果作为分析考察课程实施状况与学生发展状况的重要依据，对学生的活动过程和结果进行综合评价。

（5）结合我校和当前实际，灵活调整活动内容，融合创新实践活动方式。

【课程内容与实施】

表1　课程安排

周次	教学内容	课时
第一、二周	家务劳动　主题一　美化校园我行动	2
第三、四周	劳动技术　主题二　穿针引线	2
第五、六周	劳动技术　主题三　芽苗菜我来养	3
第七、八周	专题活动　主题四　五一劳动节	2
第九、十周	社会服务　主题五　我是社区安全员	2
第十一、十二周	社会服务　主题六　我是小小维修工	2
第十三、十四周	职业体验　主题七　了解企业工人	2
第十五、十六周	考察探究　主题八　校园植物知多少	2
第十七、十八周	考察探究　主题九　我是校园小主人	2

【学习成果展示】

成果展示是综合活动课程不可或缺的一环，也是非常重要的一环。各活动小组围绕自己选定的课题内容设计丰富多彩的成果展示方式，具体可采用以下几种。

1. 板报展示

学生在活动过程中收集的资料，如照片、图片、文章、倡议书等，用板报、小报的形式在班级或校园里展出。

2. 课题档案袋展示

将能表现开展课题活动情况的材料装入课题档案袋，用作品和成果客观地反映学生的课题开展情况。一般来说，课题档案袋里面可装以下内容：

（1）在日常生活中发现的可以研究的课题问题。

（2）收集的有关资料，如文字、图片、照片、录音、录像等。

（3）解决问题的方案和过程。

（4）活动报告或课题小论文。

（5）解决问题的反思。

（6）日记、作文。

在学期初，可让学生自己设计成长档案袋封面，把平时值得收藏的课题研究成果放入成长档案袋，学期结束时进行展览。对特别优秀的成长档案袋进行全校性的展览。

成果展示不仅能提高学生的自信心和参与的积极性，使学生有成就感，而且能给其他学生树立榜样。

3. 对学生的评价

综合实践活动的评价方法具有多元化，我们可根据小学生的自身特点与新课程标准的理念加以运用。

为了更好地鼓励学生积极参与活动，综合实践活动领导小组可适时推出过程激励评价机制，这是贯穿教学始终的评价。星级评定设为一至五星级，以学年为单位，根据学生在课题研究方面取得的成绩授予星级。

在学期初，即发放自评互评的标准，让学生在学习过程中努力达到标准，在评价标准上，认为做得好的打☆☆☆，做得一般的打☆☆，如做得不够的打☆。互评是在自评的基础上，以课题组为单位进行评议，内容、标准与自评一样。

在学期末，教师根据学生评定的情况，给学生一个总评成绩。给予“优秀”“合格”两级，不给“不合格”等级。指导教师要保证学生在课程研究中达到合格水平及以上（见表2）。

表2　小学综合实践活动学生评价表

活动内容__________　班级__________　姓名__________

项目	评价要点	自评	互评	师评
一、在活动中参与的态度	1.认真参加每一次活动，对每一次活动始终保持浓厚的兴趣			
	2.努力完成自己承担的任务			
	3.做好资料积累和处理工作			
	4.主动提出自己的设想			
	5.乐于合作，能和同学交流，尊重他人			
二、在活动中获得的体验	1.善于提问，乐于研究，勤于动手			
	2.关心国家大事，有一定的责任心			
	3.能进行反思			
	4.实事求是，尊重他人的想法与成果			
	5.活动中遇到困难不退缩，并且自己想办法解决问题			
三、在活动中学习方法的掌握	1.能用多种途径获取信息			
	2.采用了两种以上的方法进行研究			
	3.能运用已有知识解决问题			
四、在活动中实践能力的发展	1.有求知的好奇心、探索的欲望			
	2.独立思考、自主学习，主动发现问题，提出问题，寻求解决问题的方法			
	3.积极实践，发挥个性特长，施展才能			
五、活动的总体体会	自己的总体评价			

《综合实践活动（三年级下册）》校本化标准和课程目标

课程名称：综合实践

课程类型：地方课程

教材来源：《综合实践活动（三年级下册）》，中国石油大学出版社，2020年版

授课对象：小学三年级

授课时间：19课时

设 计 者：张建媛 王明岩 甄秀萍

表1 校本化标准和课程目标

领域	主题	能力	核心素养	校本化课程目标	拓展创新
家务劳动	美化校园我行动	掌握劳动技巧、提高自我服务与服务他人的能力	责任担当	1.积极参与校园内各个区域的卫生清扫工作，养成爱清洁、爱劳动的好习惯。 2.掌握美化校园的基本知识和技能，积极参与美化学习环境活动，体验美化过程带来的成就感。 3.培养学生的责任担当，明确自己是学校的主人，有爱护环境的责任和义务	认识家务劳动的工具材料，学习家务劳动的技能和技巧，尝试使用相应的工具、材料，参与家务劳动体验。如进行衣物洗涤、物品整理、卫生清洁、做简单的家常菜、面食制作等

续 表

领域	主题	能力	核心素养	校本化课程目标	拓展创新
劳动技术	穿针引线	动手实践能力	实践创新	1.了解针线的由来及相关知识。 2.学会穿针和打结，并积累一些技巧。 3.学会缝制纽扣，且缝制的纽扣既结实又美观。 4.创意设计纽扣作品	认识常见的劳动工具，并掌握劳动工具的安全使用规程，能动手制作一些简单的作品，如折纸、剪纸、粘贴画等
	芽苗菜我来养	动手实践能力	实践创新	1.了解芽苗菜的概念、分类和常见种类。 2.了解常见芽苗菜的营养价值和医疗保健功效。 3.掌握芽苗菜种植的基本步骤和方法，学会种植芽苗菜。 4.体会种植的乐趣	1.到菜市场或菜田观察蔬菜的形状、种类，了解蔬菜的种植、成长过程及蔬菜的营养对学生成长的重要性。选择种植一种蔬菜，体会种植的快乐与辛苦。 2.学校开辟种植区。在种植过程中，教师要指导学生观察、测量、记录植物的生长情况，指导学生松土、除草、间苗、浇水、施肥等实践活动，通过观察日记、照片等方式记录种植活动的过程
社会服务	我是社区安全员	收集整理资料、调查采访、实践操作	团队合作、服务意识、责任担当	1.学习消防安全知识和急救技能。 2.能多方面收集资料，并对资料进行分类、整理。 3.实地调查了解社区存在的安全隐患及产生安全隐患的原因。 4.针对社区存在的安全隐患，提出切实可行的整改措施或建议。 5.运用多种方式开展社区教育活动，提高居民的安全意识	考察自己所在小区的设施设备、消防通道、人与车辆分流管理等方面的安全状况，寻找安全隐患。将所有问题汇总，提交到小区物业管理处，提出防火、防盗等安全防范建议，并在社区中进行相关宣传，提高社会责任感

续表

领域	主题	能力	核心素养	校本化课程目标	拓展创新
社会服务	我是小小维修工	学习日常用具的简单维修技能，提高动手实践能力	问题解决、服务意识	1.认识简单的维修工具，掌握基本维修工具的使用技能。 2.运用学习到的维修知识进行简单的维修活动。 3.用家里的闲置物品和废弃零件创意物品。 4.参加社区志愿者活动，为社区孤寡老人提供维修服务	通过多种渠道进一步学习各种物品的维修技能，对家中、学校、社区损坏的物品进行维修
职业体验	了解企业工人	调查采访、动手实践能力	责任担当	1.了解企业工人从事的岗位性质，学会一项简单的岗位操作技能。 2.在企业体验时，遵守企业的规章制度，并注意安全。 3.感受企业工人劳动的艰辛，树立劳动光荣的观念	针对本次职业体验写出自己的感受，有条件的可以去父母工作单位体验父母工作的艰辛，并对自己未来的工作做一个初步的设想
考察探究	校园植物知多少	观察能力、收集并整理资料的能力、动手实践能力	实践操作、责任担当	1.主动观察校园植物，观察时抓住植物的主要特征，并用语言、文字、图画等形式记录观察结果。 2.根据植物的特征比对资料，辨识植物的种类。 3.根据观察记录和查到的资料制作校园植物名片。 4.激发学生探索自然奥秘的兴趣，形成爱护环境和校园的意识	1.观察仓圣公园里的植物，抓住植物的特征，上网收集有关资料，制作植物名片，并悬挂在树上。 2.为公园制作标语牌，号召人们爱护植物。 3.选择其中一种或多种植物进行详细的分析与研究，了解其自然特征并自觉对其加以保护，增强关注自然、热爱自然的情感，提高科学探索能力

续 表

领域	主题	能力	核心素养	校本化课程目标	拓展创新
考察探究	我是校园小主人	观察能力、发现问题及解决问题的能力	团队合作、实践创新、责任担当	1.通过观察、访问、实地考察等方式，了解和分析校园的自然环境、规划布局、设施设备、文化景观、文化活动以及安全保障等方面的状况，寻找解决问题的办法，提出校园建设和发展建议，增进知学校、爱学校的责任感。 2.对积累的材料进行整理、分析	至少提出两个与校园公共服务有关的问题，小组合作，进行深入研究，并提出切实可行的建议
专题活动	五一劳动节	调查访问、收集整理资料的能力	团队合作、实践创新	1.了解五一劳动节的来历和相关的庆祝活动。 2.了解身边的劳动模范及其事迹。 3.树立劳动观念，珍惜劳动成果，激发热爱劳动人民的情感	结合时令，选择端午节、中秋节、重阳节、春节等一个或几个传统节日，利用收集资料、访问、实地考察等方法了解节日的来历、习俗、故事等；参与体验该节日的1~2种习俗，并进行交流分享，增强对传统文化的探究意识和认同感

附1：

“基于课程标准的学教评一致性”课时教学设计考察探究（见表2）。

表2　“校园植物知多少”第一课时

课时名称	“校园植物知多少”方案制订课	学科	综合实践活动	课时	共2课时
使用年级	中年级	班额	45人	课程类型	考察探究
课时目标	1.借助图片认识校园植物，能说出图片中植物的名称。 2.初步形成自主、合作制订活动方案的能力和方法，并学会评价、论证制订的方案是否合理。 3.抓住主要特征对校园里的植物进行观察，并能运用多种形式记录观察结果				

续 表

<table>
<tr><td>评价设计</td><td colspan="4">1.欣赏校园植物图片，准确无误地说出图片中植物的名称。（达成目标1）
2.在小组交流中与小组成员合作制订出完整、可行性强的活动方案；认真听取其他小组的方案汇报，能给出一条或几条修改建议，并进一步修改自己小组的活动方案。（达成目标2）
3.从种类、形态、特性、用途等方面对校园里的植物进行观察，并能用语言、文字、图画等形式记录观察结果（达成目标3）</td></tr>
<tr><td rowspan="4">学与教活动设计</td><td>活动目标</td><td>评价任务</td><td>学习活动设计</td><td>评价标准</td></tr>
<tr><td>借助图片认识校园里的植物，并能说出图片中植物的名称</td><td>欣赏校园植物图片，准确无误地说出图片中植物名称</td><td>谈话导入，引出课题。
自由说一说自己的校园哪里最美。（花坛、操场）
为什么？（因为有许多漂亮的花、奇特的树木）
校园里都有哪些植物呢？
屏幕出示校园树木的图片，看看能叫出它们的名字吗。看来同学们对校园的树木很感兴趣，这节课我们就一起来认识更多的校园植物。
板书：校园植物知多少</td><td>形成性评价：
1.能全部说出图片中植物的名称（☆☆☆）
2.能说出图片中一半植物的名称（☆☆）
3.不能说出图片中植物的名称（☆）</td></tr>
<tr><td></td><td></td><td>引导探究，确定子课题。
思考：对于校园的植物，哪些问题值得我们去探究呢？
1.小组同学交流探讨。
2.全班交流，总结归纳出研究小课题（种类、形态、特性、用途）</td><td></td></tr>
<tr><td>初步形成自主、合作制订活动方案的能力和方法，并学会评价、论证制订的方案是否合理</td><td>在小组交流中与小组成员合作制订出完整、可行性强的活动方案</td><td>分组合作，制订方案。
1.根据自己最感兴趣的五种植物自由组合成五个小组，按新小组位置坐好，重新确定小组长。</td><td>形成性评价：
1.能制订出切实可行、操作性强的活动方案（☆☆☆）</td></tr>
</table>

续 表

学与教活动设计	初步形成自主、合作制订活动方案的能力和方法，并学会评价、论证制订的方案是否合理	在小组交流中与小组成员合作制订出完整、可行性强的活动方案	2.在确定了研究课题后，各小组长带领小组成员讨论用什么方法进行研究，并做好记录，形成一个切实可行、操作性强的活动方案，也就是活动计划，从而更好地指导我们开展活动。出示一个完整的活动方案，看看包括哪几个方面的内容	2.能制订出可行的、操作性不太强的活动方案（☆☆） 3.能制订出简单的活动方案（☆）
		认真听取其他小组的方案汇报，能给出一条或几条修改建议，并进一步修改自己小组的活动方案	讨论交流，修改完善活动方案。 1.各小组派组长展示活动方案，其他小组找优点、提建议。 2.各组根据建议修改完善自己小组的活动方案	形成性评价： 1.认真倾听其他小组的汇报并给出两条或两条以上修改建议，自己小组的活动方案较修改前更加完善（☆☆☆） 2.较认真倾听其他小组的汇报并能提出修改建议，自己小组的活动方案较修改前完善（☆☆） 3.较认真倾听其他小组的汇报，但不能提出修改建议，自己小组的活动方案仍不够完善（☆）
	抓住主要特征对校园里的植物进行观察，并能运用多种形式记录观察结果	从种类、形态、特性、用途等方面对校园里的植物进行观察，并能用语言、文字、图画等形式记录观察结果	小组合作观察校园植物，记录好观察结果。 1.以小组为单位到校园里从种类、特性、用途方面对植物进行观察。	形成性评价 1.观察时，小组内分工明确、有序，并能用语言、文字、图画等多种形式记录观察结果（☆☆☆）

续 表

学与教活动设计	抓住主要特征对校园里的植物进行观察，并能运用多种形式记录观察结果	从种类、形态、特性、用途等方面对校园里的植物进行观察，并能用语言、文字、图画等形式记录观察结果	2.多种形式记录观察结果	2.观察时，小组内分工明确，并能用语言、文字、图画中的一种形式记录观察结果（☆☆） 3.观察时，小组内分工不明确，不能正确记录观察结果（☆）
备注				

附2：

表3　小组方案计划表

<table>
<tr><td colspan="2">主题名称</td><td colspan="5"></td></tr>
<tr><td colspan="2">组长</td><td></td><td>指导教师</td><td></td><td>班级</td><td></td></tr>
<tr><td>小组课题</td><td colspan="6"></td></tr>
<tr><td rowspan="6">小组成员及分工</td><td>人员</td><td colspan="5">分工</td></tr>
<tr><td></td><td colspan="5"></td></tr>
<tr><td></td><td colspan="5"></td></tr>
<tr><td></td><td colspan="5"></td></tr>
<tr><td></td><td colspan="5"></td></tr>
<tr><td></td><td colspan="5"></td></tr>
<tr><td rowspan="2">活动步骤</td><td>时间</td><td colspan="5">活动内容</td></tr>
<tr><td></td><td colspan="5"></td></tr>
<tr><td>活动方法</td><td colspan="6"></td></tr>
<tr><td colspan="2">成果展示形式</td><td colspan="5"></td></tr>
<tr><td colspan="2">评审团意见及建议</td><td colspan="5"></td></tr>
<tr><td colspan="2">是否准予开展</td><td colspan="5">负责人签字：</td></tr>
</table>

表4 “校园植物知多少”第二课时

<table>
<tr><td>课时名称</td><td>“校园植物知多少”设计制作课</td><td colspan="2">学科</td><td>综合实践活动</td><td>课时</td><td>共2课时</td></tr>
<tr><td>使用年级</td><td>中年级</td><td colspan="2">班额</td><td>45人</td><td>课程类型</td><td>考察探究</td></tr>
<tr><td>设计者</td><td colspan="6">甄秀萍</td></tr>
<tr><td>课时目标</td><td colspan="6">1.能够了解部分树木的相关信息，并且认识到树木名片能方便他人学习更多有关树木的知识。
2.根据观察记录和查到的资料设计简单的植物名片示意图，并在交流后修改完善示意图。
3.设计制作植物名片。
4.展示交流所设计的植物名片并评选出最佳设计奖</td></tr>
<tr><td>评价设计</td><td colspan="6">1.分别从名称、种类、产地、形态、用途等方面上网查阅感兴趣的一种树木的资料并进行交流。（达成目标1）
2.小组内交流制作树木名片应包括哪些内容、需要几个步骤并设计简单的示意图。（达成目标2）
3.交流展示示意图并认真倾听，找优点、提建议，修改完善自己小组的示意图。（达成目标2）
4.根据温馨提示，小组成员合作制作一张植物名片。（达成目标3）
5.从内容、寓意、遇到的困难及怎样解决等方面介绍自己的作品，并从内容设计、是否个性化方面评选出最佳设计奖（达成目标4）</td></tr>
<tr><td rowspan="3">学与教活动设计</td><td>活动目标</td><td colspan="2">评价任务</td><td>学习活动设计</td><td colspan="2">评价标准</td></tr>
<tr><td>能够了解部分树木的相关信息，并且认识到树木名片能方便他人学习更多有关树木的知识</td><td colspan="2">分别从名称、种类、产地、形态、用途等方面上网查阅感兴趣的一种树木的资料并在小组内进行交流</td><td>激趣导入：
根据课前各小组领到的任务（查阅感兴趣的一种树木的相关资料），想一想怎样才能让更多的人认识、了解这些树木呢？（给植物做名片）</td><td colspan="2">形成性评价：
1.所查资料全面、丰富（☆☆☆）
2.所查资料比较全面、丰富（☆☆）
3.所查资料不够全面，很简单（☆）</td></tr>
<tr><td>根据观察记录和查到的资料，设计简单的植物名片示意图，并在交流后修改、完善示意图</td><td colspan="2">小组内交流制作树木名片应包括哪些内容、需要几个步骤，并设计简单的示意图</td><td>观察树木名片，探究名片特征。
根据出示的树木名片设计出不同的树木名片</td><td colspan="2">形成性评价：
1.设计的示意图科学合理，有创意，美观大方（☆☆☆）
2.设计的示意图科学合理，有创意，但不够美观大方（☆☆）</td></tr>
</table>

续 表

学与教活动设计	根据观察记录和查到的资料，设计简单的植物名片示意图，并在交流后修改、完善示意图	小组内交流制作树木名片应包括哪些内容、需要几个步骤，并设计简单的示意图	观察： 名片上有哪些内容？（名称、科属、产地、习性、用途） 做一张树木名片大约需要几个步骤？（设计、裁剪、填写、装饰） 对比观察，设计示意图： （1）根据出示的树木名片，说一说什么样的树木名片最受欢迎。（卡通、好玩、形状有个性、颜色好看） （2）以小组为单位设计简单的名片示意图	3.设计的示意图不够科学合理，没有创意，不美观（☆）
		交流展示示意图并认真倾听，找优点、提建议，修改完善自己小组的示意图	交流评价示意图： 上台展示各组示意图，其他同学找优点、提建议，各组修改完善示意图	形成性评价： 1.认真倾听其他小组的汇报并给出两条或两条以上修改建议，自己小组的示意图较修改前更加完善（☆☆☆） 2.较认真倾听其他小组的汇报并能提出修改建议，自己小组的示意图较修改前完善（☆☆） 3.较认真倾听其他小组的汇报，但不能提出修改建议，自己小组的示意图仍不够完善（☆）
	设计并制作植物名片	小组成员根据温馨提示，共同制作一个植物名片	动手创作： 各组成员根据温馨提示开始制作： 1.小组合理分工，充分发挥组员特长，名片制作具有个性，美观。	形成性评价： 1.选择材料合理，分工明确，制作作品具有个性，美观，注意使用工具的安全（☆☆☆）

续 表

学与教活动设计	设计并制作植物名片	小组成员根据温馨提示，共同制作一个植物名片	2.裁剪名片时注意使用工具的安全，将用完的垃圾放在垃圾袋里（时间为15分钟）	2.选择材料合理，分工明确，制作作品没有个性，不够美观，注意使用工具的安全性（☆☆） 3.不会选择材料，分工不够明确，制作作品没有个性，不美观，使用工具时不注意安全（☆）
	展示交流所设计的植物名片并评选出最佳设计奖	从内容、寓意、遇到的困难及怎样解决等方面介绍自己的作品，并从内容设计、是否个性化方面评选出最佳设计奖	展示交流： 1.先在小组内选出最佳设计作品，由“设计师”到讲台前介绍作品。（设计创意、创作过程中遇到的问题以及是怎样解决的） 2.每组选派一名代表当评委，投票选出最佳设计奖。（每人只能投一票，且不能投自己小组） 3.获奖小组上台领奖	形成性评价： 1.作品制作有个性并能从内容、寓意、遇到的困难及解决办法等方面全面介绍自己的作品（☆☆☆） 2.作品制作较个性化，能从内容、寓意、遇到的困难及解决办法等方面介绍自己的作品（☆☆） 3.作品制作粗糙，能从内容、寓意方面简单介绍自己的作品（☆）
			小结延伸： 教师小结：结合得分表与学生一起回顾：这节课，我们收获了什么？	

续 表

学与教活动设计			课堂延伸： 每个学生继续完善自己的树木名片，并将做好的名片系在学校相应的树上。同时为了延长树木名片的使用寿命，可以给名片塑封防水	
备注				

劳动技术：

表5　主题三：芽苗菜我来养

内容来源	中国石油大学出版社，2020年版《综合实践活动》三年级下册主题三		
课时	共3课时	设计者	王明岩
课程标准	劳动技术是指学生运用各种劳动工具、工艺进行设计，并动手制作，将自己的创意、方案付诸现实，转化为物品或作品的过程，注重提高学生的技术意识、工程思维、动手操作能力等。在活动过程中，鼓励学生手脑并用，灵活掌握、融会贯通各类知识和技巧，提高学生的技术操作水平、知识迁移水平，体验工匠精神等		
教材解读	“芽苗菜我来养”是《综合实践活动》三年级下册主题三的学习内容，是劳动技术中种植实践专题的一个主题。本主题旨在使学生学会使用简单的种植工具，初步掌握种植的一般方法；亲手种植1~2种常见农作物或花卉；增强与自然和谐相处的生态意识		
学情分析	三年级学生具备一定的动手实践能力、生活调查能力，对生活中常见的一些芽苗菜有一定的了解。在三年级上学期也学会了实地考察、查阅资料、访谈等方式，能够撰写调查报告，并与同学分享。这一阶段的学生会分享自己的劳动成果，表达自己的劳动感受		
教学目标	1.了解生活中常见的芽苗菜。 2.了解芽苗菜的基本种植方法，提高动手实践能力。 3.增进热爱大自然的情感		
评价任务	1.通过调查，了解生活中常见的芽苗菜。（目标1） 2.学会芽苗菜的种植方法（步骤和技巧）。（目标2） 3.种植的芽苗菜成功收获，体验劳动的快乐（目标3）		

表6 “芽苗菜小调查”第一课时

课时名称	芽苗菜小调查	学科	综合实践活动	课时	共3课时
使用年级	三年级	班额	45人	课程类型	劳动技术
设计者	王明岩				
课时目标	1.了解芽苗菜对人们的重要作用。 2.初步自主、合作开展研究并确定研究内容。 3.小组合作制订活动方案，并学会评价、论证制订的方案是否合理				
评价设计	1.在小组交流中了解并说一说所了解的芽苗菜。 2.根据自己的兴趣分组合作，确定研究内容。 3.在小组交流中合作制订出完整、可行性强的活动方案				

表7 “芽苗菜小调查”第二课时

学习目标	评价任务	教学活动	评价标准
了解芽苗菜对人们的重要作用	在小组中交流并说一说所了解的芽苗菜	导入新课： 随着人们生活水平的提高和饮食习惯的改变，绿色食品越来越受到人们的喜爱。人们已经不仅满足蔬菜的供应数量，还关注蔬菜的外观、品质和食用安全性。芽苗菜作为富含营养、优质、无污染的绿色健康食品，越来越受到广大消费者的青睐，成为大众餐桌上的常见菜。关于芽苗菜，你了解多少呢？（小组交流并汇报）看来同学们对其有了一定的了解，那想不想更深入地了解芽苗菜呢？这节课就让我们一起走进芽苗菜小调查	形成性评价： 1.能语言连贯、大方地说出了解的芽苗菜知识（☆☆☆） 2.能语言连贯地说出了解的芽苗菜知识（☆☆） 3.能基本说出了解的芽苗菜知识（☆）
初步自主、合作开展研究并确定研究内容	根据自己的兴趣分组合作，确定研究内容	研究主题： 针对“芽苗菜”这个主题，同学们可以从哪些方面入手研究？怎样厘清研究的思路？ 同学们可以对这个主题的研究内容进行全面的思考和广泛的讨论，根据自己的兴趣和条件，确定研究内容。	形成性评价： 1.能根据自己的兴趣和条件，合理分组并确定研究内容（☆☆☆） 2.能根据自己的兴趣和条件，确定研究内容（☆☆）

续 表

学习目标	评价任务	教学活动	评价标准
初步自主、合作开展研究并确定研究内容	根据自己的兴趣分组合作，确定研究内容	什么是芽苗菜？ 本地市场上销售的芽苗菜有哪些品种？价格和销量如何？ 芽苗菜是怎样栽培出来的呢？ 芽苗菜有什么营养价值，发展前景怎样	3.不能根据自己的兴趣和条件，合理分组并确定研究内容（☆）
小组合作制订活动方案，并学会评价、论证制订的方案是否合理	在小组交流中合作制订出完整、可行性强的活动方案	设计课题研究方案： 根据研究课题，小组合作设计研究方案。 我的研究内容是： 附：“芽苗菜我来养”课题研究方案 研究目的：____________ ____________ ____________ 小组成员：____________ ____________ ____________ 研究准备：____________ ____________ ____________ 研究步骤：____________ ____________ ____________ 成员分工：____________ ____________ ____________ 研究成果：____________ ____________ ____________	形成性评价： 1.能制订出切实可行、操作性强的活动方案（☆☆☆） 2.能制订出可行的、操作性不太强的活动方案（☆☆） 3.能制订出简单的活动方案（☆）

表8　主题三"芽苗菜我来养"第二课时

课时名称	芽苗菜我来养	学科	综合实践活动	课时	共3课时
使用年级	三年级	班额	45人	课程类型	劳动技术
设计者	王明岩				
课时目标	1.了解芽苗菜的定义及其营养价值。 2.学习种植芽苗菜，提高动手实践能力				
评价设计	1.通过查阅资料、调查研究等方法，了解芽苗菜的定义及其营养价值。 2.通过教师示范、家长帮助、观看视频等方法，掌握芽苗菜的种植方法				

表9　芽苗菜小调查

学习目标	评价任务	教学活动	评价标准
了解芽苗菜的定义及其营养价值	通过查阅资料、调查研究等方法，了解芽苗菜的定义及其营养价值	导入新课： 饭桌上放着一盘素菜，碧绿的、嫩嫩的，吃一口，鲜脆柔嫩、清香滑润。看一看，竟是一株株小小的绿苗，这是什么呢？带着浓厚的兴趣，我们准备对芽苗菜进行探究。 了解芽苗菜的定义及营养价值： 通过请教父母、查找有关资料，我们知道了平时吃的黄豆芽、绿豆芽就是芽苗菜。 芽苗菜：利用植物种子或营养器官，在黑暗或阳光的照射下，培育出的可供食用的幼苗、幼茎、芽球或幼梢。 能生长成芽苗菜的品种有：豆芽苗、萝卜芽苗、芥蓝芽苗、蕹菜芽苗、向日葵芽苗、香椿芽、枸杞芽、豌豆尖、辣椒叶、竹笋、石刁柏、菊苣芽等。 自己家里吃过的芽苗菜有：豆芽苗、香椿芽、蒜黄、竹笋。 芽苗菜可以分为籽（种）芽菜和体芽菜。 芽苗菜营养丰富，风味独特，清香脆嫩，并有特殊的医疗保健功效。如荞麦芽含有芸香苷，对高血压和糖尿病有一定的防治效果。	形成性评价： 1.能说出芽苗菜的定义及品种，并能说出其营养价值（☆☆☆） 2.能说出芽苗菜的定义及品种，但不能说出其营养价值（☆☆）

续 表

学习目标	评价任务	教学活动	评价标准
了解芽苗菜的定义及其营养价值	通过查阅资料、调查研究等方法，了解芽苗菜的定义及其营养价值	同学们，你们收集的芽苗菜的营养价值有哪些，全班分享一下	3.不能说出芽苗菜的定义及品种，也不能说出其营养价值（☆）
学习种植芽苗菜，并能提高动手实践能力	通过教师示范、家长帮助、观看视频等方法掌握芽苗菜的种植方法	芽苗菜我来养： 在父母的帮助下，我试着培育绿豆芽苗菜。 1.选种。选择籽粒饱满的绿豆种子。 2.浸种。将绿豆种子放在一个容器中，倒入水，使其没过绿豆种子，浸泡24小时。 3.准备育苗用具并种植。准备一个带网眼的塑料小筐，在里面铺上一层纸，用喷壶喷湿，并将浸泡好的绿豆种子均匀地撒在湿润的纸上。 4.催苗。催苗时需要保持黑暗或者弱光状态，可以在塑料小筐上套一个塑料袋，每天早晚各喷水一次。 5.收获。看着绿豆芽一天天长大，心情是不是很好？等它长到一定程度，就割下来凉拌或者清炒吧！ 我培育绿豆芽苗菜的结论是：________ ______________________________ ______________________________ （芽苗菜种植的过程就是科学实验的过程，这种方法也叫作实验法。实验法是根据课题研究的内容需要，利用一定的设备和材料，通过控制条件的操作过程，引起实验对象的某些变化，在观察这些变化中验证课题内容或获取新知识的一种研究方法）	形成性评价： 1.能熟练掌握芽苗菜的种植方法，并能亲自种植成活芽苗菜（☆☆☆） 2.能熟练掌握芽苗菜的种植方法，但不能种植成活芽苗菜（☆☆） 3.不能掌握芽苗菜的种植方法，也不能种植成活芽苗菜（☆）

《美术（四年级上册）》课程纲要

课程名称：美术

课程类型：国家课程

教材来源：《美术（四年级上册）》，湖南美术出版社，2019年版

授课对象：小学四年级

授课时间：36课时

设 计 者：丁 新 方 辉 武英芳

【背景分析】

四年级的学生特别活泼好动，好奇心强，教师应继续关注学生的养成教育，循循善诱，结合多环节、多层次的体验、尝试、思维训练等方法来使学生集中注意力。在四年级阶段，学生有了向往名家、欣赏他人的意识，开始萌生向艺术观念转化的迹象，到高年级后，这种迹象会逐渐强化，但欣赏美术作品的能力还是有限的。学生脱离了之前的以自我为中心看问题，开始客观地观察美术活动，视知觉思维增强，对线与形特别感兴趣。开始应用重叠法遮挡物体的方式来表现空间感，萌发写实的要求，色彩表现为固有色和象征色彩的使用，绘画具有叙述性，特别崇尚细心与有耐心的绘画技巧，喜欢吸引人的、优美的主题，关注主题的内容，较少注意到所使用的媒材（如工具、材料、组织、形式等）。在审美水平、绘画能力、认知能力等方面，学习规则和写实模仿是本年级段学生美术学习的主要特征，也是通过美术活动触发情意表达的情感成长期和纯艺术审美观的萌芽期。思考模式：笼统→分化、绝对→相对、静态→动态。

基于以上学生年龄特点，在知识与技能学习方面应采取直观呈现、现象分析、符合学生生活经验的传达方式，回避抽象的逻辑思维分析，呈现生动、典型的视觉形象的教学资源，这对于这一时期的学生思维活动与学习十分重要。

根据教材内容和学生喜好，在活动方式与教学组织方面应注重美术学习过程的情境创设和情趣性营造。在具体情境中发挥本年级学生具体运用思维能力的优势，师生互动交流、学生参与体验，关注学生的学习思维过程，并在这一过程中获取正确的学习方法与美术思维方式，使学生轻松愉悦地投入学习中，产生对美术学习的持久兴趣。

【课程目标】

（1）尝试用毛笔、水性颜料（水彩或水粉）、彩色笔和油画棒、画纸与废旧材料等工具、材料开展趣味性造型、设计及制作活动，学习这些工具和材料正确的使用方法，体验其不同的表现效果。

（2）学习遮挡、穿插、印制（镂印、拓印、转印）、构成的基本知识，运用线条、形状、原色与间色，通过写生、记忆、想象和创造等方式用于绘画表现活动，从而表达自己的情感。

（3）选择各种易于加工的媒材，运用剪、刻、折、锯、叠、卷曲、切挖、插接和组合、喷绘、装饰等方法，创作具有表达一定意图的立体作品和设计作品。

（4）结合其他领域的学习，欣赏中外绘画、民间剪纸等，初步了解美术作品的样式，能用恰当的词语、短句等交流与评述。

（5）发现并收集身边可用于造型、设计、制作的各种材料，进行纸版画制作、板报设计、美化教室的活动。在相同的主题下开展绘画、设计、欣赏等综合性美术活动，并能主动合作、探究、创造以及综合解决问题。

【课程内容】

表1　四年级上学期美术课程纲要内容

课程内容		课时	学习活动设计
课程纲要		1	本学期课程纲要分享
造型表现	周末日记	2	1.用图文结合的方式完成一篇周末日记。 2.用线描的方式画出一组故事发生的过程
	草丛中	1	观察草叶的形态，用线画下来，并想象添画
	色彩对“印”	2	1.对折画纸，在拆痕一侧涂画色彩，再对印，画一幅对印画。 2.在玻璃上点画或流动水彩颜色，再转印画面，添画整理出有意味的水彩画
	城市美容师	2	1.抓住人物动态、着装特点，画一幅环卫工人做卫生的记忆画。 2.画一幅自己为社区服务、义务擦洗公共设施的画
	跟奶奶学手艺	1	欣赏库淑兰剪纸作品，学用运用彩纸套贴的方法制作剪纸作品
	这个地方有点怪	1	发挥想象，构想一个奇怪有趣的世界并画下来
设计应用	纸品乐陶陶	3	1.选择各色皱纹纸做成纸绳或纸团，拼贴成一幅装饰画。 2.运用卷、折、压、扭等方法制作一件纸条作品。 3.采用剪、切、刻、压、折、卷、贴多种方法，用卡纸制作一个有趣的立体形象
	花儿朵朵	3	1.选择一种花卉，用线勾画出花儿的外形，或临摹纹样。 2.抓住花的特征，设计一种花的单独纹样。 3.先制作一个单独纹样的纸模，再重复镂印或喷绘纹样，制作花边
	蝴蝶落我家	1	用厚卡纸制作几何立方柱体，在其上面镂空剪制蝴蝶并配色装饰
综合探索	祖国在我心中	2	1.画升国旗的场景。 2.设计国庆专刊的版面效果图
	时间告诉我	2	1.利用合适的材料设计、制作钟表。 2.回忆同一时刻人们在干什么，画一组记忆画

续表

课程内容		课时	学习活动设计
综合探索	窗口	2	1.选用合适的材料做一个造型别致的窗框。 2.回忆或想象，画出窗口并添画窗外的风景
	可爱的班集体	2	1.制作头像底版，然后将各自的头像印到同一张底纸上，组成班级“大合照”纸版画。 2.全班分工合作，选择与制作一种饰物，美化班级教室
	乘风破浪	2	1.用线描画出自己最感兴趣的船。 2.选择木材，运用锯、削、堆叠、组拼等方法制作一艘小木船
	一模不一样	2	1.设计一个基本形，用画、剪、贴或制作印章或镂空刷底的方式绘制一个特异形。 2.寻找、发现、记忆生活中重复现象的美，并把它画下来
学期复习		5	复习本册知识和学习过的内容
期末评价		2	综合测试本学期所学内容并完成一幅美术作品

【课程实施】

（一）课程资源

（1）教材资源：《美术（四年级上册）》，湖南美术出版社，2019年版。

（2）场地资源：多媒体美术教室、校图书馆。

（3）网络资源：中国美术教育网、中国美术教育信息网、中国美术网等。

（4）社会资源：艺术馆、博物馆。

（5）教具与学具：涂色工具、制作工具、水粉画工具、水彩画工具、版画工具等。

（二）学习活动

（1）为自己设计一个个性化的美术学习档案袋，用于收集作业、资料等学习成果。

（2）按时完成作业，参与自评、互评活动，将每节课的资料、作业保存在美术学习档案袋中。

（3）在元旦艺术节期间举办一次美术作品展览活动，参展作品包括平时的优秀作业和课外创作的优秀作品。

【课程评价】

表2　课程评价标准

课程评价内容		课程评价要求	课程评价结果
过程性评价	美术档案袋	档案袋设计个性化（5分）	
		完成一学期15次课堂作业（15分）	
		有质量（良好以上）的作品8次以上（15分）	
		收集相关学习资料（5分）	
	美术课堂表现	带齐全美术用品（每课1分）（15分）	
		认真听课，积极主动参与美术活动（15分）	
结果性评价	美术期末测评	考查课本上的知识点（15分） 按要求运用所学知识创作一幅美术作品（15分）	
等级认定	本课程成绩由过程性评价和结果性评价两部分组成，依据所得分值换算为相应等第：A（≥85分），B（75~84分），C（60~74分），D（<60分）		

表3　四年级上册“纹样美化生活”单元教学方案

单元名称	纹样美化生活	学科（领域）	设计·应用	单元总课时	7课时
年级	四年级	班额	40人	课程类型	校本课程
设计者	丁　新　方　辉				
背景分析	由于四年级上册第六课《花儿朵朵》是学生初次接触有关纹样设计的课程，且整个小学阶段只此一课，因此学生对纹样的认识与了解非常浅显。课程标准第二学段（三四至年级）“设计·应用”学习领域的目标中有这样的陈述：“学习对比与和谐、对称与均衡等形式原理，用手绘草图和立体制作的方法表现设计构思。”本节课重点是对单独纹样的讲解，二方连续纹样也有涉及，至于纹样的来源、分类、题材等都没有提及，这样，学生便不能对纹样知识形成一个完整系统的认识。 四年级学生有了一定的绘画和审美基础，能运用点、线、面以及图形初步表达自己的设计构思，具备学习纹样的基础和条件				

续 表

单元目标	1.学生能初步了解纹样的基本概念、分类、题材、寓意等。 2.学生能运用所学纹样知识解读服饰及生活用品上的纹样信息。 3.了解对比与和谐、对称与均衡，能运用简化、夸张、添画的方法设计单独纹样。 4.了解二方连续纹样的应用以及骨法，并运用吹塑纸在围巾上设计拓印二方连续纹样。 5.学习适合纹样的知识，并试着为不同物品搭配适合的纹样。 6.学生能感受纹样之美，接受并热爱这一文化
评价设计	表现性任务： 1.纹样收集册——纹样的设计过程，包括草稿、构思、作品简介、成品结果。根据收集册对纹样的设计过程一目了然。 2.纹样作品展——学生为校园艺术节布展手绢、围巾、纸盘、纸伞等作品。 其他证据： 1.小测验——设置学习单，根据图片解读纹样信息以及根据题材猜一猜纹样的寓意等。 2.技能检测——根据图片画出纹样构成骨法。 自评“纹样收集册”是否简洁明了，一目了然。 自评课堂中完成的作品，是否依次渐深地了解了纹样知识，作品上有无体现。 在“创意纹样”这一单元学习结束时，反思自己有没有能力运用所学知识去装点美化自己的生活用品
学与教活动设计	1.以生活中带有纹样的服饰导入，结合大量图片进行展示，通过做对比，吸引学生思考纹样在我们生活中的作用。 2.介绍基本问题，讨论单元的最终表现性任务（纹样收集册、纹样作品展）。 3.根据学习活动和表现性任务的需要介绍主要术语，以小组合作的方式查找资料，完成初识纹样学习单。 4.根据初步掌握的纹样学习单，让学生对服饰以及生活用品中的纹样信息进行解读，并进行解读纹样信息的小测验。 5.设计虚拟的情境，带学生走进花的世界，感受花儿的美丽，运用简化、夸张、添画的方式，以“花”为主题进行单独纹样的设计。 6.了解二方连续纹样的应用以及骨法，为自己随身携带的小手绢进行纹样的设计，并开展“丢手绢”的游戏。 7.继续二方连续纹样的学习与设计，并运用吹塑纸在围巾上设计拓印二方连续纹样。 8.运用适合纹样的设计方法，动手为纸盘、纸杯、纸伞等设计适合纹样。 9.学生将纹样收集册在班内相互交流，从其他学生的评价中改进自己的设计。 10.在单元总结时，学生反思自己所学知识，检验有没有能力用纹样去装饰自己的一件小生活用品，并将作品在家长会上进行展示
备注	

表4　四年级上册“花儿朵朵”课时教学方案

<table>
<tr><td>课时名称</td><td>花儿朵朵</td><td>学科</td><td>美术</td><td>课时</td><td>3</td></tr>
<tr><td>使用年级</td><td>四年级</td><td>班额</td><td>40人</td><td>课程类型</td><td>校本课程</td></tr>
<tr><td>设计者</td><td colspan="5">武英芳</td></tr>
<tr><td>课时目标</td><td colspan="5">1.观察自然界中花卉的形状，描述花卉的基本形态，能用几何图形表现花卉的外形。
2.学习简化、夸张、添画等变化方法，设计创作花卉的单独纹样，并用来装饰生活用品。
3.培养学生热爱自然、热爱生活的美好情感，感受用艺术表达生活的乐趣</td></tr>
<tr><td rowspan="4">评价设计</td><td>量规评价</td><td colspan="2">A</td><td>B</td><td>C</td></tr>
<tr><td>能用几何形概括花卉的外形</td><td colspan="2">用几何形精准地提炼、概括花卉的外形</td><td>能用几何形概括花卉外形</td><td>概括得不准确</td></tr>
<tr><td>理解并能分辨出哪些是单独纹样</td><td colspan="2">能从众多花卉纹样中迅速选出单独纹样</td><td>能选出单独纹样</td><td>对单独纹样的理解欠佳</td></tr>
<tr><td>运用纹样知识方面的美术语言评价作品</td><td colspan="2">运用纹样知识方面的美术语言评价作品</td><td>能用到美术语言评价作品</td><td>不能或只能少量用到美术语言评价作品</td></tr>
<tr><td>学与教活动设计</td><td colspan="5">一、巧变魔术激发兴趣
1.魔术导入
教师采用魔术的游戏变出鲜花，并通过谈话激发学生的学习兴趣：“鲜花漂亮吗？老师这里有很多别样的花，它们比这些更美，想不想看？”
对话之后，教师小结：“这些统称花卉纹样，是古代的艺人通过观察花卉加上自己的想象而设计出来的，你想不想也对花儿展开一番联想？”
2.板书：花儿狂想曲
二、教师引导，观察发现
1.对比观察：用课件出示有纹样的物品和没有纹样的物品。
2.情景设置：帮老师设计日用品花卉纹样参展。
3.初识单独纹样。
出示盘子，请学生说出盘子里描绘的纹样（鱼、荷花），寓意“连年有余”。没有外轮廓及骨架的限制，可单独、自由运用的纹样就是单独纹样。</td></tr>
</table>

续 表

学与教活动设计	4.找一找。 让学生在三张图片中找出单独纹样，考查学生对单独纹样概念的理解程度。另外两张图片为适合纹样和连续纹样，它们都是纹样大家庭中的一员。 （评价任务：能从花卉纹样中找出单独纹样，并用师生共同制定的评价量规评价学习效果） 三、重点突破，自主探究 1.探究设计方法 （1）简化法 小组讨论：观察两组图片，真实的荷花与荷花纹样有哪些区别？小结：荷花外形由繁到简、花瓣数量由多到少，这样的设计方法称为简化法。 （2）探究外形 如何画荷花纹样既快又符合荷花的形象？继续观察真实荷花与荷花纹样，得出办法：用几何图形概括荷花的外形。 （3）拼摆游戏 学生思考荷花的各部位可分别运用哪些几何形？请学生到黑板前迅速摆出荷花的形象。出示马蹄莲、向日葵、玫瑰花图片，分辨用哪种几何形概括外形。 （评价任务：能用几何形提炼、概括花卉的外形，并用师生共同制定的评价量规评价学习效果） （4）示范引导 教师示范马蹄莲的纹样设计，用三角形对马蹄莲进行简化的同时，用夸张变形的方法对马蹄莲的花瓣进行变形，引导出另一种设计方法：夸张法。 （5）初试牛刀 请两名学生到黑板前尝试用学过的方法设计向日葵和玫瑰花的纹样，其他学生在练习本上设计练习。相互交流评价。 （评价任务：运用纹样知识方面的美术语言评价作品。如果学生达成度不高，应该是学生对本节课知识掌握不扎实，再加一个回顾知识的环节） （6）点线面添画 课件出示上面三种花运用点、线、面装饰后的完整的花卉纹样分析、引导推出添画法。 2.设计“展品”活动 课件出示展品要求：根据花的特征，运用本节课学习的设计方法为生活用品设计花卉的单独纹样。 四、展示交流，评价提升 1.“2020花卉纹样日用品展览会”，学生将自己的作品摆放在展台上。 2.交流互评，从构图、外形、设计方法、点线面等方面评价作品。 （结果性评价：灵活运用所学知识，根据要求设计有创意的作品） 3.谈谈本节课的收获
备注	

《数学（四年级下册）》第三单元整体设计

课程名称：数学

课程类型：国家课程

教材来源：《数学（四年级下册）》，人民教育出版社，部编年版

授课对象：小学四年级

授课时间：36课时

设 计 者：孙文正　李永霞　孙雯娟

表1　基于课程标准的小学数学四年级下册第三单元整体设计

领域		数与代数	教学单元	运算律
单元内容安排	三个信息窗： 1.加法结合律和加法交换律。 2.乘法结合律和乘法交换律。 3.乘法分配律			
课标要求	内容要求	《义务教育数学课程标准（2011年版）》在数的运算中明确指出： 1.探索并了解运算律（加法的交换律和结合律、乘法的交换律和结合律、乘法对加法的分配律），会应用运算律进行一些简便运算。 2.在具体运算和解决简单实际问题的过程中，体会加与减、乘与除的互逆关系		
	教学建议	数学知识的教学要注重知识的“生长点”与“延伸点”，把每堂教学的知识置于整体知识的体系中，注重知识的结构和体系，处理好局部知识与整体知识的关系，引导学生感受数学的整体性，体会对于某些数学知识可以从不同的角度加以分析、从不同的层次进行理解。 在课标中对基本技能的教学建议不仅要使学生掌握技能操作的程序和步骤，还要使学生理解程序和步骤的道理。基本技能的形成需要一定量的训练，但要适度，不要依赖机械地重复操作，而是要注重训练的实效性		

续 表

领域	数与代数	教学单元	运算律
整体分析	一、教材分析 横向分析： 北师大版不同于别的版本，是在四年级上册学习的这部分知识。本单元先对四则混合运算的运算顺序进行了归纳整理，再学习运算律。其中，因为加法交换律和乘法交换律有相似的地方，所以编排在了同一个内容中进行学习。每个运算律的学习都是先出示一些算式，让学生照着写一写，找出规律，然后回到生活情境中，让学生利用生活中的事例解释发现的规律。北师大版这一单元的编排比较详细，每个运算律的学习内容里都有指导学生怎样运用运算律进行简便计算。 人教版对运算律的知识进行了更加详细的安排，与别的版本不同的是，减法的性质和除法的运算性质又单独安排了两个例题重点学习，并将运算律综合应用于解决问题的实际中，这是值得我们学习和借鉴的地方。 苏教版和人教版的编排非常相似，每个运算律都进行了详细的安排，同时注重了对简便算法的指导和应用。对本单元的难点——乘法分配律及其应用安排了三个主题，重点突出了乘法分配律的简便运算及在解决问题中的应用。 青岛版是将减法的性质和除法的运算性质安排在自主练习中，练习题中的层次性比较明显，照顾了不同层次的学生。青岛版教材内容给学生留的空间比较大，需要教师和学生一起深挖教材，熟知本单元需要掌握的知识点和重难点。 这四个版本的教材内容都有加法的交换律和结合律、应用加法的交换律和结合律进行简便计算、乘法交换律和结合律、应用乘法交换律和结合律进行简便计算、乘法分配律、应用乘法分配律进行简便运算。通过分析教材和比较各种版本的知识结构，我们发现，教学过程中要注重引导学生探索和理解运算律，并能根据解决问题的需要灵活选择计算方法。 纵向分析： 运算律 — 一年级 加法计算和验算 — 学会加法的计算方法，并能用交换加数的位置来进行验算 — 二年级上册 第八单元解决问题 — 能在具体情境中分步解决乘加、乘减、除加、除减问题 — 三年级上册 第六单元混合运算 — 1.理解运算顺序，并能正确进行计算；2.能提出运用混合运算解决的问题并解决 — 三年级下册 第四单元解决问题 — 1.会用连乘、连除、乘除两步计算解决实际问题；2.在解决问题的过程中，掌握用列表和摘录等整理信息、分析数量关系的基本方法 — 四年级上册 第七单元混合运算 — 1.借助生活实例，建立单价、数量、总价的概念以及数量关系；2.学会列综合算式解决三步计算的实际问题；3.认识中括号，掌握混合运算的顺序 — 四年级下册 第三单元运算律 — 1.探索并理解运算律，会应用运算律进行一些简便计算；2.体会加与减、乘与除的互逆关系；3.能够根据解决实际问题的需要，合理灵活地应用加法和乘法运算律 — 五年级上册 第一单元小数乘法 — 1.理解小数乘法的算理，学会小数乘法的计算方法，并能正确进行小数乘法的计算；2.掌握小数乘加、乘减混合运算的运算顺序，能用乘法运算律进行简便计算 — 五年级上册 第三单元小数除法 — 1.小数除法的算理，学会小数除法的计算方法，能正确进行小数除法的计算；2.掌握小数四则混合运算的运算顺序，并能进行正确的计算 — 六年级上册 第六单元 分数四则混合运算 — 1.理解和掌握分数四则混合运算的运算顺序，并能正确地进行计算；2.会借助线段图分析稍复杂的用分数四则混合运算解决的实际问题的数量关系，并解决问题；3.逐步掌握用分数四则混合运算解决稍复杂的实际问题的策略，提高分析问题和解决问题的能力		

续 表

<table>
<tr><th>领域</th><th>数与代数</th><th>教学单元</th><th>运算律</th></tr>
<tr><td>整体分析</td><td colspan="3">二、学情分析
学生在低年级就接触过加法的验算（交换两个加数的位置，和不变）、口算（数的分与合）等方面的知识，实际上对加法交换律和加法结合律已有较多的感性认识，为新知的学习奠定了良好的基础。本单元是在学生已经掌握了四则混合运算顺序和解决实际问题的基础上，进一步学习运算律，有利于学生更好地理解运算，掌握运算技巧，提高计算能力，并能在计算和解决问题的时候灵活选择运算律进行简便计算</td></tr>
<tr><td rowspan="3">分解目标</td><td>能探索并理解运算律，会运用运算律进行一些简便计算</td><td colspan="2">1.通过计算、观察、归纳加法运算律，能用语言解释加法的交换律和结合律。
2.通过加法运算律的迁移，探究并能说出乘法结合律、乘法交换律，能用语言对其做出解释。
3.结合具体问题发现乘法分配律，能猜想、验证分配律成立的合理性，并能用语言对其做出解释。
4.能正确地用字母表示运算律。
5.会用运算律进行一些简便计算，并说出运用了什么运算律</td></tr>
<tr><td>体会加与减、乘与除的互逆关系</td><td colspan="2">1.知道减法是加法的逆运算，除法是乘法的逆运算。
2.能根据加与减、乘与除的互逆关系，灵活改变算式，使其简便计算。
3.通过学习加法、乘法的运算律，探索出减法、除法的运算规律</td></tr>
<tr><td>根据解决实际问题的需要，合理灵活地应用加法和乘法运算律</td><td colspan="2">1.根据实际问题，能正确地列出算式。
2.根据算式的特点，能灵活地选择运算律简便计算</td></tr>
<tr><td colspan="2">课时分配</td><td colspan="2">1.信息窗1：加法结合律和加法交换律　　2课时
2.信息窗2：乘法结合律和乘法交换律　　2课时
3.信息窗3：乘法分配律　　2课时
4.运算律整理复习课　　1课时</td></tr>
</table>

附：

课时备课：“基于课程标准的学教评一致性”教学设计（见表2）。

表2 “基于课程标准的学教评一致性”“乘法分配律”课时教学设计

主题	乘法分配律	四年级下册	第三单元	运算律	第5课时
课标分析	课程目标：掌握必要的运算技能，感受符号的作用。 课程内容：探索并了解乘法分配律，会运用乘法分配律进行一些简便运算。 实施建议：在计算技能教学中，不仅要使学生掌握技能操作的程序和步骤，还要使学生理解程序和步骤的道理				
教材分析	乘法分配律是在学生已经掌握了乘法的交换律和结合律，并能运用这些定律做简便计算的基础上进行学习的。乘法分配律不是单一的乘法运算，还涉及加法的运算，是学生学习的难点，也是这一单元教学的重点，对提高学生的计算能力有着重要作用				
学情分析	本节课是在学生已经探索与掌握了加法结合律和加法交换律、乘法交换律和乘法结合律的基础上进行的学习，大多数学生已经具备自主学习能力，能用语言比较完整地表达自己的发现，探索的热情比较高涨。但是乘法分配律不是单一的乘法运算，还涉及加法的运算，对学生来说有一定的难度				
学习目标	1.能发现乘法分配律，并能举例验证乘法分配律。 2.能用语言解释乘法分配律的合理性，并能用字母正确地表示乘法分配律。 3.能运用乘法分配律进行简便计算				
评价任务	评价任务： 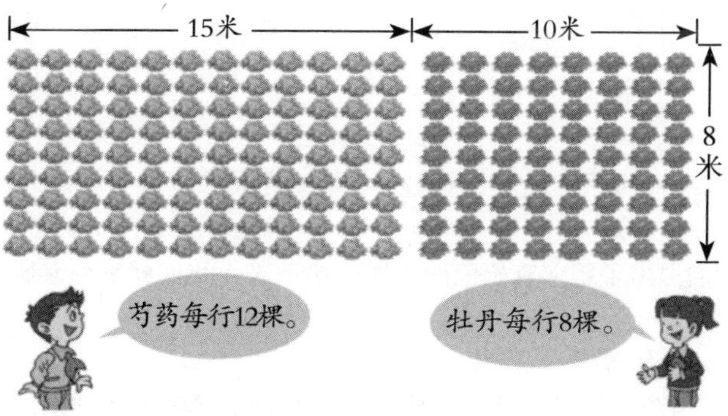 解决问题：芍药和牡丹一共多少棵？芍药和牡丹的种植面积一共为多少平方米？（列综合算式解答，每个问题用两种方法） （1）观察两组算式，你能发现什么？ （2）举例验证你发现的规律。 （3）用含有字母的式子表示你发现的规律				

续 表

主题	乘法分配律	四年级下册	第三单元	运算律	第5课时
核心素养	推理能力、运算能力、符号意识				
阅读资源	乘法分配律的应用历史：我国古代利用铺地锦计算两位数的乘法				

表3　乘法分配律教学活动评价

指向目标	教学活动	评价标准
学习目标1、2	一、创设情境 同学们，春天到了，牡丹园里的花都开了，我们一起去欣赏一下吧！（播放各种花的图片，学生进行欣赏）有两名同学也去赏花了，现在他们正在牡丹和芍药园里呢，我们去看看！ 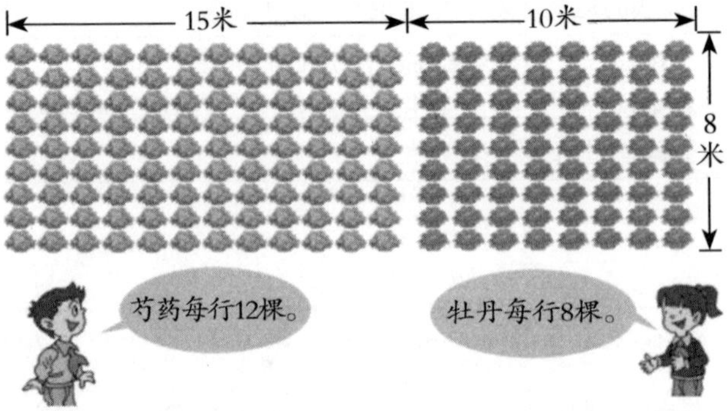 仔细观察情境图，你能根据数学信息提出两步计算的数学问题吗？ 二、探究新知 同学们提出了很多有价值的问题，接下来，我们就来一起研究这两个问题。 出示评价任务一： （1）芍药和牡丹一共多少棵？（用两种不同的方法列出综合算式并计算出结果） （2）芍药和牡丹的种植面积一共为多少平方米？（用两种不同的方法列出综合算式并计算出结果） （3）观察（1）（2）题列出的两组算式，你能发现什么规律？	1.能用两种不同的方法列出算式并解答（☆） 2.能正确发现规律（☆） 3.能举例说明你发现的规律（☆）

续 表

指向目标	教学活动	评价标准
学习目标1、2	（4）举例验证你发现的规律。 （5）用含有字母的式子表示出你发现的规律。 ①学生独立完成。 ②组织展示交流。 ③教师点拨提升。 两个数的和乘一个数，可以把两个加数分别同这个数相乘，再把两个积相加，结果不变。这个规律叫作乘法分配律。用字母表示为：（a+b）×c=a×c+b×c。 ④学生修正，对照评价标准自评	4.能正确地用字母表示出你发现的规律（☆） 5.能用自己的语言说清楚什么是乘法分配律（☆）
学习目标3	三、巩固应用，拓展提高 1.在□里填上合适的数或字母。 （80+70）×5=80×□+70×□ （a+b）×9=a×□+□×□ 236×3+236×7=□×（□+□） m×153+m×47=□×（□+□） 2.用简便方法计算下面各题。 67×45+33×45　　　　25×（40+4） 四、课堂总结 通过今天这节课的学习，你有哪些收获？还有什么不懂的问题？ 五、课后阅读 我国古代利用铺地锦计算两位数的乘法	
板书设计	乘法分配律： （12+8）×9=12×9+8×9 （15+10）×8=15×8+10×8 （a+b）×c=a×c+b×c 两个数的和乘一个数，可以把两个加数分别同这个数相乘，再把积相加，结果不变	

《语文（六年级下册）》课程纲要

课程名称：语文

课程类型：国家课程

教材来源：《语文（六年级下册）》，人民教育出版社，部编版

授课对象：小学六年级

授课时间：87课时

设 计 者：王银兰　王　丽　刘　莉

【背景分析】

进入六年级，学生有了较强的识字能力，朗读速度提升，学会了浏览收集有关信息，能根据上下文推断词语或语句的意思，阅读速度加快，阅读量有了大的飞跃，懂得了写作就是与人交流和自我表达的方式，并能流畅地完成小学阶段要求的不同题材的作文。接下来的一个学期，将继续在加强学生基础知识掌握的同时，重点在培养学生阅读兴趣、指导学生阅读方法、提升学生分析文章的能力上下功夫；从国外名著赏析到祖国传统文化的积累，帮助学生开阔眼界，学会独立思维，能将所思所感通过文字呈现出来。最终，引领学生正确看待6年的小学生活，感谢6年来陪伴自己的同学，感恩一直辛勤付出的教师；用所学知识来写，来画，来设计“最后的一堂课”，圆满人生中的第一次“毕业”，从而帮助学生形成正确积极的价值观和人生观。

（一）小学高学段语文课程目标解析

1. 识字与写字

（1）通过运用多种识字方法，累计识字3000个左右，会写2500个左右。

（2）通过硬笔书写练习，美观整齐地书写硬笔楷书，并有一定速度。

（3）通过毛笔书写练习，能用毛笔书写楷书，并在书写中感受汉字的美。

2. 阅读

（1）能用普通话正确、流利、有感情地朗读课文。

（2）通过用较快速度默读、浏览读物，扩展阅读面，增大阅读量，并在阅读中根据上下文及自己的积累，推想词句意思，体会其表达效果。

（3）通过在阅读与鉴赏、表达与交流、梳理与探究活动中运用联想和想象，丰富自己对现实生活和文学形象的感受与理解，增强形象思维能力。

（4）通过通读课文，厘清文章思路，理解、分析主要内容，体会推敲重要词句在语言环境中的意义和作用。了解文章的表达顺序，领悟文章基本的表达方法，或了解文章的说明方法，发展逻辑思维能力。

（5）在诵读古代诗词、浅易文言文时，通过借助注释和工具书理解基本内容。学会积累、感悟与运用，在诵读时，注意通过语调、韵律、节奏等体会作品的内容和情感，培养自己对美的感受与理解，提高自己的欣赏品位。

（6）通过阅读不同文本，能够根据文本选择合适的阅读方法。通过对整本书的阅读，拓展阅读视野，初步积累阅读整本书的经验，培养阅读鉴赏能力，初步培养良好的阅读习惯。

3. 写作

（1）通过改写句子来变换文章的表达方式，能从文章中提取主要信息进行缩写，能根据文章的基本内容和自己的合理想象进行扩写。

（2）通过多角度观察生活，发现生活的丰富多彩，抓住事物特征，获得自己的感受和认识，以此培养观察和积累写作素材的能力。

（3）能根据写作要求，选择合适的表达内容、恰当的表达方式，合理安排内容先后和详略，条理清晰地表达自己的意思。

（4）通过自改和小组互改习作，规范写作语言与作文形式，正确使用标点符号。

（5）通过限时作文，提高学生的习作速度。

4. 口语交际

（1）通过模拟设置不同场景，学生能在合适的场合与人积极、主动交流，并能根据场合和对象做简单的发言。

（2）通过小组合作与交流，形成讨论意识，养成耐心倾听的习惯和条理、有序表达自己意见的能力。

5. 综合性学习

（1）通过不同渠道获取资料，运用资料完成简单的研究报告、活动策划等，锻炼学生收集、处理与运用信息的能力。

（2）通过对自己身边的、大家共同关注的问题，或电视、电影中的故事情节和人物形象，组织学生讨论或专题演讲，学习辨别是非、善恶、美丑，借此培养学生关注、参与当代文化的意识。

（二）六年级下学期教学目标解析

1. 识字与写字

（1）通过课堂学习，能正确规范书写常用汉字120个。

（2）通过硬笔和毛笔书写练习，在书写中感受汉字的美。

2. 阅读

（1）通过反复朗读，体会声调的抑扬顿挫，感受情感的变化起伏，能正确、流利、有感情地朗读文本。

（2）通过用较快的速度默读、浏览读物，扩大阅读面，增大阅读量，养成边读边思考的习惯。同时运用各种阅读策略，推想词句含义，辨别词语的感情色彩，体会表达效果。

（3）通过抓关键词、做批注、浏览、略读等不同阅读方法的选择与组合，提升从文本中高效捕捉信息的能力。

（4）通过阅读文本，结合相关的知识和生活经验，评述文本内容。

表达观点：阅读叙事性作品，了解事件梗概，能简单描述自己印象最深的场景、人物、细节，说出自己的喜爱、憎恶、崇敬、向往、同情等感受；阅读说明性文章，能抓住要点，在理解内容的基础上，明了文章的基本表达顺序、说明方法；阅读简单的非连续性文本，能从图文等组合材料中找出有价值的信息；诵读优秀诗文，能通过抓住关键词句以及朗读、想象、表演等学习活动，感受诗歌优美的语言，体会诗歌所包含的思想感情与意境之美，了解诗歌的基本表达方法，做出简单评价与赏析，并尝试创作；阅读浅易文言文，能借助注释和工具书理解基本内容，积累、感悟和运用经典语句，提高自己的欣赏品位。

3. 写作

（1）通过不同习作要求的练习，能写简单的纪实作文、作品梗概和想象作文，内容具体，感情真实，详略得当。

（2）能根据不同的写作目的，选择合适的表达内容、恰当的表达方式，条理清晰地表达自己的意思。

（3）通过自改和小组互改习作，规范写作语言与文本形式，能熟练地给句、段添加合适的标点符号。

（4）通过限时作文，提高学生的习作速度。

4. 口语交际

（1）通过模拟设置不同场景，学生能在合适的场合与人积极、主动交流，乐于参与讨论，敢于发表自己的意见，并能根据场合和对象做简单的发言。

（2）通过组织辩论赛，清晰地表达自己的观点，抓住对方讲话中的漏洞进行反驳，不断提升自己的思辨能力。

5. 综合性学习

（1）通过组织“制作成长纪念册”的活动，学生能有选择地分类筛选和整理小学6年的成长资料，在实践中进行操作练习，提高学生整理资料和使用资料的能力。

（2）通过“写策划书”“举办毕业联欢会”的活动，培养学生计划、组织、协调和实施活动的能力。

【课程内容】

表1 《语文（六年级下册）》课程纲要内容

教学主题	单元教学目标	教学内容	课时
课程纲要学习	师生共同围绕课本，阅读课程纲要，然后小组讨论交流，分享自己的想法和感受	课程纲要	1
习惯篇	1.重拾学校常规，学习入校规范。 2.通过升国旗、国旗下讲话等爱国主义教育，再次明确学习目的。 3.通过参与学校的各种活动，加强团队意识和集体意识	不良习惯的纠正，良好学习习惯的唤醒	2
第一单元	1.会写34个字、38个词语。 2.能正确、流利地朗读课文。背诵古诗词，能理解诗句的含义，并能默写。 3.能结合生活实际，了解作者所描绘节假日的特色习俗。分清内容主次，体会作者是如何详写主要部分的。 4.通过不同渠道了解不同民族的不同习俗，感受不同习俗背后的美好寓意。 5.收集家乡的习俗，有重点地介绍给同学听，然后整理成文，和大家分享，并互相修改	课文1~4课	8
		习作	2
		语文园地	1
第二单元	1.会写15个字、20个词语。 2.能围绕“走进外国文学名著”这个专题，自主阅读相关名著，了解作品梗概的写法。 3.能把握所读名著的主要内容，就印象深刻的人物和情节交流感受，然后写出这些名著的梗概	课文5~7课	6
		口语交际	1
		习作	2
		语文园地	4
第三单元	1.会写19个字、29个词语。 2.能正确、流利地朗读课文，体会文章是怎样表达情感的。 3.能结合例文，体会作者是如何通过事情发展表达情感变化的。 4.能从课文表达感受的词语中，选择一种印象最深刻的感受，厘清思路，通过不同事例表达出自己的真情实感	课文8~9课	2
		习作例文	2
		习作	2
		语文园地	1
第四单元	1.会写28个字、37个词语。 2.能正确、流利地朗读课文。背诵古诗词和指定的课文段落。能理解诗句含义，并能默写。 3.能在阅读时，关注人物神态、言行的描写，从而体会人物品质。	课文10~13课	8
		口语交际	1

续表

教学主题	单元教学目标	教学内容	课时
第四单元	4.能根据文章需求，通过不同渠道查阅与文章相关的资料，从而加深对文本的理解。 5.能根据不同场合，学会提前打好腹稿，分清讲话顺序，进行即兴演讲。 6.能通过对不同文章开头、结尾的对比，发现一个好的开头与结尾的重要性。然后根据习作要求，选择合适的材料与表达方式，完成习作“心愿”。最后自己修改，小组成员相互批改	习作	2
		语文园地	1
	整理所学知识点，回顾复习所学知识	阶段检测	6
第五单元	1.会写24个字、37个词语。 2.能正确、流利地朗读课文。背诵文言文两则，能理解词句的含义，并能默写。 3.能找出课文中作者为了证明自己观点而列举了哪些事例，体会用具体事例说明观点的方法。 4.能明白什么是辩论，有哪些基本规则。根据课文提示，开展一场辩论，注意辩论时的技巧与方法。 5.能根据自己喜欢的科幻故事，展开大胆设想，完成一篇想象类习作	课文14~17课	8
		口语交际	1
		习作	2
		语文园地	1
第六单元	1.通过课文学习，能回忆起不同体裁文章的格式和表达方式。 2.通过制作成长纪念册，再次回顾与教师、同学的浓厚情谊。 3.完成毕业联欢活动策划书，组织一场毕业联欢会。用自己喜欢的方式表达对学校、教师的感恩之情	综合性学习	8
古诗词诵读	正确、流利地朗读古诗词，能根据文中注释和所学方法，理解词句的含义。在理解的基础上有感情地诵读诗词，并背诵、积累	古诗词诵读	5
期末复习	师生共同整理复习，完成期末检测	期末复习与评估	10

【课程实施】

（一）课程资源

（1）教材资源：《语文（六年级下册）》，人民教育出版社，部编版。

（2）课内资源：文中插图、多媒体。

（3）课外资源：工具书、国内外名著、主题丛书、同步阅读书籍。

（二）学习活动

1. 阅读

有速度地默读课文，浏览国内外名著和相关资料，根据课文学习要求收集信息，补充阅读材料。在诵读中通过语调、韵律、节奏等，体味优秀诗词、文言文的情感，并积累背诵。

2. 习作

结合课文提供的五次习作要求，从相关单元中找出相应的可以借鉴的课文，然后收集资料，整理思路，小组讨论，全班交流，确定合适的表达方式，完成习作。最后仔细修改，小组互批，师生共批。

3. 口语交际

根据本册提供的几个交流形式，提前寻找、整理资料，做好规划。同时在交流过程中，要认真听取别人的发言，抓住要点，灵活应对。

4. 综合性学习

收集并整理材料，设计并制作成长纪念册。学写策划书，组织毕业联欢会。

（三）课程评价

1. 评价方式

学期总评成绩（100分）=过程性评价成绩（30分）+结果性评价成绩（70分）。

过程性评价成绩（30分）=课堂表现（10分）+语文实践活动表现（10分）+平时检测表现（10分）（见表2）。

表2　评分标准

评价项目	评价要素	评价得分
课堂表现	1.课前预习是否充分	10分
	2.课堂回答与提问是否积极，观点是否明确	
	3.课堂表达是否合理充分，语言是否完整清晰	
	4.能否遵守课堂纪律	
语文实践活动表现	1.书写是否认真，字迹是否优美	10分
	2.阅读速度是否合适、语调是否到位、情感是否丰沛	
	3.是否按要求认真完成习作	
	4.是否能在口语交际等活动中做到见解独立、表达清晰等要求	
平时检测表现	1.需要积累的语言是否熟练	10分
	2.是否能清晰默写需要掌握的字词	
	3.是否认真完成平时作业	
	4.能否完全掌握平时的自我检测	

2. 结果性评价（70分）

结果性评价主要以综合性纸笔检测评分为准。

结果性评价成绩（70分）=平时自我检测（20分）+期中检测成绩（50分）。

表3　六年级语文下册第二单元分析

第二单元内容分析	本单元课文围绕“走进外国文学名著”这个专题编排。语文要素有以下两点： 1.了解作品梗概，把握名著的主要内容，就印象深刻的人物和情节交流感受。 2.学写作品梗概
校本化课程标准	1.通过反复朗读，体会声调的抑扬顿挫，感受情感的变化起伏，能正确、流利、有感情地朗读文本。 2.通过用较快的速度默读、浏览读物，扩大阅读面，增大阅读量，养成边读边思考的习惯。同时运用各种阅读策略，推想词句的含义，辨别词语的感情色彩，体会表达效果。 3.通过抓关键词、做批注、浏览、略读等不同阅读方法的选择与组合，提升从文本中高效捕捉信息的能力。 4.通过阅读文本，结合相关的知识和生活经验，评述文本内容

续 表

单元目标解析	第5课《鲁滨孙漂流记（节选）》	第1、2课时	1.会写15个字、20个词语。 2.能借助作品梗概，了解名著的主要内容。 3.能就印象深刻的人物和情节交流感受，对人物做出立体、多元的评价。 4.结合《鲁滨孙漂流记（节选）》的作品梗概，学会写作品梗概，完成本单元习作。 5.能产生阅读原著的兴趣。 6.能体会夸张手法的表达效果，并发挥想象仿写句子。 7.能背诵并积累一组出自《增广贤文》的格言和谚语
	第6课《骑鹅旅行记（节选）》	第3课时	
	第7课《汤姆·索亚历险记（节选）》	第4课时	
	习作及园地	第5、6课时	
重点单元目标细化	课文5~7课	1~6课时	1.（1）能留意作品中描写人物语言、动作、神态的句子，并从中感知人物形象，找到人物精神的闪光点。 （2）能品读精彩片段，体会人物心态变化，抓住关键句子感悟人物形象。 2.（1）借助课文《鲁滨孙漂流记（节选）》的梗概和原文对照，发现并提炼写作品梗概的要求和方法，为迁移运用奠定基础。 （2）通过一些书籍、电影、电视剧的梗概，梳理、发现梗概的基本特点：语言简练，没有细节描写，包含作品主要情节，写作顺序与作品一致。 （3）结合课本上的习作指导，明确写梗概的一般步骤，然后完成习作。 3.（1）《鲁滨孙漂流记（节选）》观看电影片段；《骑鹅旅行记（节选）》列出这本书目录中的一些小标题；《汤姆·索亚历险记（节选）》借助文章结尾处的悬念，激发阅读整本书的兴趣。 （2）结合“快乐读书吧”中学到的阅读外国名著的方法，将课内学到的阅读方法迁移到课外阅读，感受外国文学名著的魅力

续表

重点目标的单元化教学呈现

1.就印象深刻的人物和情节交流感受

第5课：1.有依据地评价鲁滨孙这个人物。试着用“从……中，我感受到鲁滨孙是一个……的人”来回答。2.面对如此困境，鲁滨孙本人是如何想的？重点品读鲁滨孙的话，感悟他积极乐观的精神

第6课：抓住描写尼尔斯动作、语言、心理的语句谈谈尼尔斯给你留下了怎样的印象。
第7课：默读课文，说说哪些情节特别吸引你。你觉得汤姆是一个怎样的孩子

“交流平台”围绕人物评价展开交流，留意描写人物的句子，做到有理有据，立体多元地评价人物

2.学写作品梗概

第5课：将目录的内容与梗概相对应的部分进行对比，体会如何进行情节的筛选概括，思考如何保留主要内容，去除细枝末节

准备一些书籍、电影、电视剧的梗概，让学生梳理、发现梗概的基本特点：语言简练，没有细节描写，包含作品主要情节，写作顺序与作品一致等

习作：选择一本书，写作品梗概。
再次明确写梗概的一般步骤：
1.读懂内容，合并成段；2筛选概括，合并成段；
3.锤炼语言，表达连贯

3.激发学生阅读原著的兴趣

第5课：1.抓住文末情节将梗概和节选片段联系起来，引导学生要有读整本书的意识。2.观看《鲁滨孙漂流记》电影片段，激发学生的阅读兴趣

第6课：出示整本书目录，以“鹤之舞表演大会”或“大海中的白银”为例，引导学生猜测故事内容，激发阅读整本书的兴趣

第7课：围绕文章结尾质疑：为什么汤姆听到法官说“把洞口封上”时，“脸立刻变得煞白”？为什么汤姆特别在意印江·乔埃？激发学生的阅读兴趣

结合“快乐读书吧”，学习阅读课外名著的方法，并引导学生将课内学到的阅读方法应用到课外阅读，感受外国文学名著的魅力

续 表

单元评价设计	1.第二单元生字词过关测试卷。（检测目标1） 2.快速默读第5课梗概部分，能提取关键信息并在旁边做批注，能用小标题梳理出鲁滨孙流落荒岛后做了哪些事。（检测目标2） 3.能知道每个人都是立体的、多面的，在评价人物时，角度不能太单一。能结合文中的具体事例或者关键语句对一个人从多角度进行评价。（检测目标3） 4.能说出写作品梗概的步骤，并完成一篇作品梗概。（梗概评价：书籍内容的基本框架是否厘清，要点是否把握；是否用简明的叙述性语言概括了每个章节的内容；语意是否清晰，表达是否清楚连贯，书的大意是否清楚明白）（检测目标4） 5.能产生阅读世界名著的兴趣，自主规划、阅读《鲁滨孙漂流记》《骑鹅旅行记》《汤姆·索亚历险记》《爱丽丝漫游奇境》四部名著，了解故事内容。（检测目标5） 6.能仿写夸张的句子。（检测目标6） 7.能背诵并默写出自《增广贤文》的格言和谚语（检测目标7）
学情分析	1.关于把握文章的主要内容，从低年级到高年级，各册教科书中均有所涉及，六年级上册更是利用交流平台，回顾梳理了把握文章主要内容的方法。而本册第二单元提出要“借助作品梗概了解名著的主要内容”，这是对学生把握文本主要内容要求的提升。我们在教学中要紧紧把握住这个提升点，结合课后练习，在帮助学生梳理梗概的同时，逐渐生成把握一部名著主要内容的能力。 2.四年级下册提出“从人物的语言动作等描写中感受人物的品质”，五年级下册提出“通过课文中动作、语言、神态的描写，体会人物的内心”。本册在这条线上又做了进一步挖掘，引导学生意识到，文学史上的经典作品是伟大的作家们极其丰富的内心和思想的体现，其中的人物形象往往是多面的、立体的，提示学生在评价人物时要从多角度进行。 3.六年级学生初次接触梗概这种应用文体，难度较大。借助课文《鲁滨孙漂流记（节选）》的梗概和原文对照，帮助学生发现并提炼写作品梗概的要求和方法，为迁移运用奠定基础。然后准备一些书籍、电影、电视剧的梗概，让学生梳理、发现梗概的基本特点，如语言简练，没有细节描写，包含作品的主要情节，写作顺序与作品一致等。这样再结合课本上的习作指导，明确写梗概的一般步骤后，让学生完成习作也就水到渠成了

表4　六年级下册《鲁滨孙漂流记（节选）》第2课时教学设计

<table>
<tr><td>教学目标</td><td>1.能借助作品梗概，了解名著的主要内容。
2.能就印象深刻的情节交流感受，对鲁滨孙做出简单的评价，产生阅读原著的兴趣</td></tr>
<tr><td>评价任务</td><td>1.快速默读第5课梗概部分，能提取关键信息并在旁边做批注，能用小标题梳理出鲁滨孙流落荒岛后做了哪些事。（检测目标1）
2.能在文中圈画出关键语句并写下自己的批注，能通过品读关键语段，对一个人物从多角度进行评价，体会人物心态变化，从而感知人物形象，产生阅读原著的兴趣（检测目标2）</td></tr>
<tr><td>教学板块</td><td>教学过程</td></tr>
<tr><td>复习检查，导入新课</td><td>1.听写词语。
畏惧、凄凉、寂寞、宴会、缺乏、书籍、聊天、栅栏、控制、贷方、袭击、倾覆、稍微、挑剔、倒霉
2.上节课，不仅学习了生字词，还跟随作者笛福一道来到了荒岛，认识了有着顽强生命力的鲁滨孙，了解了他独自流落荒岛28年的经历。鲁滨孙在岛上还发生了哪些有意思的事情呢？他究竟是一个怎样的人呢？这节课，让我们继续走近他吧（板书课题，齐读课题）</td></tr>
<tr><td>板块1：借助作品梗概，把握名著的主要内容</td><td>默读“梗概”，思考：这篇梗概写了鲁滨孙流落荒岛的哪些事？尝试用小标题的方式列出来。流落荒岛—（　）—（　）—（　）—（　）。
1.学生默读梗概部分，从文中提取关键信息并在旁边做好批注，自主概括。
2.展开小组讨论，进行合并、归纳，形成小组内比较满意的答案。
3.全班交流，教师点拨。
流落荒岛—建房定居—驯养培育—救“星期五”—夺船回国（板书）</td></tr>
<tr><td>板块2：就印象深刻的人物和情节交流感受</td><td>1.出声阅读节选片段。想一想鲁滨孙流落荒岛后遇到了哪些困难？他又是如何克服的？圈画关键语句，完成下面的表格。
<table><tr><th>鲁滨孙遇到的困难</th><th>克服困难的办法</th></tr><tr><td></td><td></td></tr><tr><td></td><td></td></tr><tr><td></td><td></td></tr><tr><td></td><td></td></tr><tr><td></td><td></td></tr></table></td></tr>
</table>

续 表

板块2： 就印象深刻的人物和情节交流感受	2.再次默读节选片段，说说鲁滨孙在荒岛上遇到了重重困难，他的心态发生了怎样的变化？你是从哪里看出来的？ （1）自主阅读，在文中圈画出相关语句，用关键词写下自己的批注。 （2）小组讨论，画一画鲁滨孙的心态变化图。 （3）小组交流分享。 （板书：苦闷失望—智慧应对—积极乐观） 3.鲁滨孙的心态发生这样变化的原因是什么？你觉得鲁滨孙是一个怎样的人？ （1）出示"我"的幸与不幸，通过多种形式进行朗读。 （2）这样一个"幸与不幸"的表格给鲁滨孙带来了什么？鲁滨孙自己是怎样认为的呢？我们来读一读他的话。 出示并齐读："总的来说，这是世界上少有的叫人受尽折磨的处境，但是其中也有一些值得宽慰的东西。这场世界上苦难最深重的经历告诉世人：在困境中，我们可以把好处和坏处对照起来看，并且从中找到一些东西来宽慰自己。" 小结："好处与坏处"让鲁滨孙有了活下去的勇气，让鲁滨孙不再为自己的处境消极悲观，而是以积极的态度去迎接挑战并努力克服困难。鲁滨孙的这种做法对我们每个人都有启示作用：人生不可能一帆风顺，当我们遇上不利环境的时候，就要像他一样，直面现实，在绝望中寻找希望，增强与困难做斗争的信心。 （3）联系实际生活，最近在学习或生活中，你遇到什么困难或烦恼了吗？你能够像鲁滨孙一样把坏处和好处列出来吗？并说说这样做对你是否有帮助。（启发：联系实际谈一谈） （4）结合整个精彩片段内容，试着用"从……中，我感受到鲁滨孙是……的人"来说一句话。 4.观看《鲁滨孙漂流记》电影精彩片段。更多精彩内容，请到书中去寻找答案吧

表5 《鲁滨孙漂流记（节选）》学习单

<table>
<tr><td colspan="2">班级______ 姓名______ 书写等级______ 批阅等级______</td></tr>
<tr><td>学习目标</td><td>1.能借助作品梗概，了解名著的主要内容。
2.能就印象深刻的情节交流感受，对鲁滨孙做出简单的评价，产生阅读原著的兴趣</td></tr>
<tr><td>合作学：
1.听写词语。
____
____
____
____
____
2.默读“梗概”，思考：这篇梗概写了鲁滨孙流落荒岛的哪些事？尝试用小标题的方式列出来。
流落荒岛—（　　　）—（　　　）—（　　　）—夺船回国
3.（1）大声朗读节选片段。想一想鲁滨孙流落荒岛后遇到了哪些困难？他又是如何克服的？圈画关键语句，完成下面的表格。
<table>
<tr><th>鲁滨孙遇到的困难</th><th>克服困难的办法</th></tr>
<tr><td></td><td></td></tr>
<tr><td></td><td></td></tr>
<tr><td></td><td></td></tr>
<tr><td></td><td></td></tr>
<tr><td></td><td></td></tr>
</table>
（2）再次默读节选片段，说说鲁滨孙在荒岛上遇到重重困难时，他的心态发生了怎样的变化？你是从哪里看出来的？你觉得鲁滨孙是一个怎样的人？试着用“从……中，我感受到鲁滨孙是……的人”这样的句式来组织答案。
延展学：
再次读《鲁滨孙漂流记（节选）》，列出“幸与不幸”的表格。联系实际生活想一想：最近你在学习或生活中遇到什么困难或烦恼了吗？你能够像鲁滨孙一样把坏处和好处列出来吗？并说说这样做对你是否有帮助
____
____
______________________________</td>
<td>学习小贴士：
概括小标题的方法：
1.抓住文章段落中的中心句、关键词来拟。
2.用关键词（或动作词）+时间点来拟。
3.抓地点词+事件来拟。

批注的方法：
1.遇到的困难用“﹏﹏﹏”标出，克服困难的办法用“____”标出。
2.边读边圈画出鲁滨孙心态转变的关键词句，并在旁边空白处写下你的感受</td></tr>
</table>

《英语（六年级下册）》课程纲要

课程名称：英语

课程类型：国家课程

教材来源：《英语（六年级下册）》，外语教学与研究出版社，2013年版

授课对象：小学六年级

授课时间：62课时

设 计 者：王晓明　李　玲　孙　乔

【背景分析】

《义务教育英语课程标准（2011年版）》规定，义务教育六年级结束时要达到英语课程二级目标要求。五、六两个年级的目标要求是一致的，只是难度呈螺旋式上升，而六年级下册的教材将对整个小学阶段的英语学习起到总结复习的作用。

六年级学生经过三年半的学习，能就日常生活话题做简短叙述，能在图片的帮助下，听懂、读懂并讲述简单的故事，能在教师的帮助下，表演小故事或小短剧，以及演唱简单的英语歌曲和歌谣，能根据图片、词语或例句的提示写出简短的描述。

本学期将继续巩固与提升这些语言技能，还要了解连续、节奏、停顿、语调等语音现象，掌握有关二级话题范围的至少105个单词和30个左右的习惯用语，理解并掌握一般将来时、一般过去时、一般现在时、现在进行时的意义和用法。学生掌握基础知识和基础技能是重点，形成有效的学习策略、一定的文化意识和积极向上的情感态度与价值观是难点。

【课程目标】

（1）通过听力练习，能听懂计划、人物生平、祝福等10个话题的故事，提高对关键信息的理解和判断能力。

（2）以角色扮演、小组合作等形式，运用本学期所学的交际用语和语言结构，能就计划、人物生平、祝福等10个话题进行至少6句话的讲述，提高口语表达能力。

（3）借助图片和多媒体资源，能读懂并以正确的语音、语调有感情地朗读20个对话或故事，能唱出本学期的歌谣、歌曲，并养成按意群阅读的习惯。

（4）在教师的帮助或小组讨论的基础上，能运用本学期所学的词汇、句型和时态等就不同话题编写40~50个词的小短文，提高书面表达能力。

（5）对所学内容进行归纳总结，能在具体情境中理解和运用一般现在时、现在进行时、一般过去时和一般将来时，了解连续、节奏、停顿、语调等现象，掌握至少105个新单词和20个重点句型。

（6）借助网络资源或课文读物，了解中外典型的食物、求助、聚会、榜样人物、祝福等简单的中西方文化知识。

【课程内容】

表1 《英语（六年级下册）》课程内容

模块	主题	功能	课时
	分享本学期《英语》课程纲要		1
Module1	Eating in Restaurants	Ordering food and drinks	3
Module2	Plans and Weather	Talking about plans; Talking about the weather in the future	3
Module3	Pictures	Describing pictures	3
Module4	Ongoing Events	Talking about ongoing events; Asking for help	3
Module5	Interruptions	Talking about interrupted activities	3
Project1	1~5模块整合、复习和期中测验	Reuse ans recycle	6

续 表

模块	主题	功能	课时
Module6	Presents	Talking about giving and receiving presents; Talking about space travel	3
Module7	Biographies	Describing a person's life	3
Module8	Reasons	Asking for and giving reasons	3
Module9	Wishes	Expressing wishes	3
Module10	Middle Schools	Talking about life in middle schools	3
Project2	6~10模块整合、复习	Reuse and recycle	9
总复习	六年级下册	Reuse and recycle	6
	三至六年级		10

【课程实施】

（一）课程资源

（1）学习材料：教材、学习单、单元卷。

（2）教具材料：多媒体设备、电子课本、卡片、头饰等。

（3）网络资源：集体备课（市教科研中心组织开发）。

（二）学习活动

1. 词汇

本学期要求学会至少105个单词。

（1）间月组织一次词汇默写比赛，在规定时间内，把词汇写得正确、美观。

（2）间月组织单词接龙活动，在规定时间内，接龙数量多的获胜。

（3）每两周组织词语清单活动，能按照纸牌正确分类。

（4）每两周组织步步为营活动，最先到达终点者获胜。

2. 句型

本学期要求学会至少20个重点句型，并运用所学句型进行组装句子、趣味造句，以及在具体情境中进行描述的活动。同时要理解并掌握学过的一般将来时、一般过去时、一般现在时、现在进行时四种时态。

3. 写作

根据教材安排，选择写作的话题；根据评价标准，通过校本教材《小学英语序列化写作指导课程之专题篇》来提高写作能力。

4. 综合素养展示

根据教科研中心和学校安排，本学期素养展示任务安排如下：学生书写素养展示、课本配音展示、情景剧表演等一系列活动。

【课程评价】

（一）评价方式

各小项按比例折算形成大项得分（见表2）。

表2 《英语（六年级下册）》课程评价方式

评价项目	评价要素		评价等级
课堂表现（10分）	认真听讲、回答表现		根据上课听讲、参加课堂活动和主动发言的情况，分为三个等级：好（5分）、较好（3分）、一般（1分）
作业表现（5分）	结构化预习作业和课后作业质量、态度		根据完成作业是否及时、态度是否认真、作业的质量和改错情况，分为三个等级：好（5分）、较好（3分）、一般（1分）
实践活动表现（5分）	单词：好（5分）、较好（3分）、一般（1分）	单词接龙	在规定时间内，正确接龙几个单词即得几分
		词语清单活动	在规定时间内，按照纸牌正确分类的单词数即为得分
		步步为营	在规定时间内，前进的步数即为得分
	句型：好（5分）、较好（3分）、一般（1分）	组装句子	正确组装句子数即为得分
		趣味造句	组内正确写出句子数即为小组得分，小组互评选出最佳小组加3分
		在具体情境中进行描述	描述的正确句子数即为小组得分
	书写素养展示		根据班级—级部—学校的层层选拔后，分为三个等级：好（5分）、较好（3分）、一般（1分）
	课本配音和情景剧展示		根据班级—级部—学校的层层选拔后，分为三个等级：好（5分）、较好（3分）、一般（1分）
单元测试（10分）	等级、态度		根据每次单元调研的等级和是否能认真纠错，分为三个等级：好（5分）、较好（3分）、一般（1分）

学习总评成绩=过程性评价成绩（30分）+结果性评价成绩（70分）。

1. 过程性评价（30分）

过程性评价成绩（30分）=课堂表现（10分）+作业表现（5分）+实践活动表现（5分）+单元测试（10分）。

2. 结果性评价（70分）

结果性评价成绩以期末考试成绩的70%计入总评。

（二）评价结果呈现

学期总评成绩以等级呈现，共分为四个等级。等级与分值的换算如下：优秀（≥85分）、良好（70~84分）、合格（60~69分）、需努力（≤60分）。

表3　“基于课程标准的学教评一致性”模块整体设计

内容来源	外语教学与研究出版社2013年版《英语（六年级下册）》，Module 3 Unit 1 The sun is shining.&Unit 2 The cows are drinking water.		
模块课时	共3课时，新授课2课时，复习课1课时	设计者	王晓明　李　玲
课程标准	1.能根据录音模仿课文语音语调。 2.能根据拼读规律读出单词。 3.能在教师的帮助下和图片的提示下，讲述简单的小故事。 4.能就日常生活话题简短叙述。 5.能根据图片或者例句写出简单的句子。 6.能在教师的帮助下表演小故事。 7.在学习中乐于模仿，敢于表达，对英语具有一定的感知能力		
教材解读	本模块的教学内容是描述图片或照片中的情景。第一单元的课文情境是Lingling收到Daming的来信，Daming在信中介绍他星期六和 Simon 去野餐的有趣经历。第二单元的课文是 Daming 寄给 Lingling的另一封信和照片。本模块在语言上主要是进一步强化复习现在进行时，并能帮助学生熟练运用		
学情分析	六年级学生已有了三年的学习基础，具备了一定的英语自学能力，但是两极分化严重，部分学生缺乏动力，对英语学习失去了兴趣。本模块主要是学习运用现在进行时描述情景，语言难度相对不大，但“be+现在分词”的使用极易出错，需要强化练习		

续 表

模块学习目标	1.通过小组互查、游戏等，会听、说、读、认单词shine、cry、everyone、fly away、just、cow、blow、rabbit，并能听懂、会说、会读和运用句型The sun is shining. The cows are drinking water。 2.通过小组合作、观看动画、课堂练习等，能正确朗读课文，并能根据板书表演故事。 3.通过多种形式练习，能用已学语言描述图片或照片中的场景。 4.通过借助图片和所给词汇、句型写小作文
教学文化的渗透点	1.通过描述场景，感受不同场景带来的不同体验。 2.学生们乐于用所学语言描述图片，体会到学习英语的乐趣。 3.知道英语国家中典型的食品和饮料的名称
评价任务	1.用 The sun is shining. The cows/ducks/birds are drinking water/ swimming/ singing.准确说出图片的情景。（检测目标1） 2.根据板书表演故事。（检测目标2） 3.通过小组合作，运用本课所学语言描述场景中发生的事情。（检测目标3） 4.通过借助图片和所给词汇、句型说一说、写一写小作文（检测目标4）

表4 《英语（六年级下册）》Module3第一课时教学设计

课标解读	学习目标	评价任务	学习活动	评价标准
1.能正确朗读所学故事或短文。 2.能说出、认读课堂中所习得的词汇。	学习单一： 1.能借助辅助工具，听懂、会读单词shine、cry、everyone、fly away、just，并能说出课文的大意。	1.听读课文，熟悉文本，圈出不会读的单词。（检测目标1） 2.同伴互读单词和课文。（检测目标1）	Ss：小组内互相检查Unit1活动一、二课文的朗读情况，遇到不会读的单词特别是新单词，对子互相帮助。 T：教师巡视，并对单词shine、cry、everyone、fly away、just及时纠音指导。 Ss：小组内检查看图补全句子的情况。 T：教师巡视，并对现在进行时的用法在小组内进行指导。 S：学生代表上台展示。	1.亲爱的同学们，我们已经学过现在进行时了，请同学们写出以前学过的四个句子。 <table><tr><td>句子书写准确优美</td><td>5分</td></tr><tr><td>句子有1~3处错误，书写认真</td><td>3分</td></tr><tr><td>句子有3处以上错误，书写认真</td><td>2分</td></tr></table>

续 表

课标解读	学习目标	评价任务	学习活动	评价标准
3.能根据图片、词语和例句的提示，写出简短的语句	2.能借助课文活动一和活动二，看图写出重点句子	3.通过课前查找活动一和活动二，明白图片含义并补全句子（检测目标2）	T：教师借助展示，强调现在进行时基本结构：主语+be+动词ing，注意不要漏掉be，并根据评价标准对学生的展示打分	2.根据课文补全句子 填写准确，书写优美 5分 填写有1~3处错误，书写认真 3分 填写有3处以上错误，书写认真 2分
1.能正确朗读所学的故事或短文。 2.能做简单的角色扮演。 3.能运用学过的英语单词，在有图片、幻灯片、实物或文字等的前提下，描述或讲述简单的小故事。	学习单二： 1.通过小组互查、游戏等，会听、说、读、写shine、cry、fly away等单词、短语；能听懂、会说、会运用The sun is shining。 2.通过小组合作、观看动画、课堂练习等，能正确朗读课文以及展演课文。	1.课堂听、读、跟学并纠音。（检测目标1） 2.反复阅读课文，借助提示单词和图形，补全思维导图。（检测目标2） 3.个人读、同伴读、小组读、分角色朗读课文，或复述或创编课文。（检测目标2）	Ss：听并跟读第一遍课文。 T：教授新单词shine、cry、everyone、fly away、just，并运用火眼金睛游戏进行操练。 最后听并跟读第二遍课文，注意模仿语音、语调。 Ss：自己反复读，借助提示单词和图形，补全思维导图，完成看图补全句子。 Ss：小组内检查思维导图的完成情况，并及时改正补充。小组内通过多种形式朗读课文，可以照着课本读，可以分角色朗读，可以根据板书或课本复述，也可以脱离课本或板书复述。小组内检查看图完成句子的情况，并及时给予纠正，也可选择自己喜欢的三幅图片，发挥想象，创设一个情境进行描述。最后根据评价标准打分。 T：教师巡视，对小组内出现的问题进行指导。	根据例句描述图片 填写准确，书写优美 5分 填写有1~3处错误，书写认真 3分 填写有3处以上错误，书写认真 2分

续 表

课标解读	学习目标	评价任务	学习活动	评价标准
4.能以习得的句子看图说话，表达图意。 5.能根据图片、词语和例句的提示，写出简短的语句	3.能运用已学语言，在生活中描述图片或照片中的情景，并知道英语国家中典型的食品名称，体会到学习英语的乐趣	4.通过设置情境，运用所学语言，讨论和介绍自己最喜欢的照片（检测目标3）	Ss：小组内备展，准备上台展示。 S1：小组上台展示补全思维导图，并领读重点单词。领读完成后，其他同学进行提问。其他小组上台PK。 S2：小组上台展示朗读课文，展示完后，其他同学对发音不标准的单词just、shining进行纠正。其他小组进行PK，采用借助板书脱离课本的形式复述课文。 S3：小组上台展示看图补全句子，在黑板上进行板书，并领读所有句子，对台下同学进行提问，任选一幅图，让同学进行描述。 T：教师强调现在分词shining的写法，是去e，再加ing。 S4：小组上台展示，挑选自己喜欢的三幅图片创设情境描述。 T：针对情境描述的展示，教师强调一定要用现在进行时态进行描述，注意be动词的选择，到底是用is，还是are，要根据主语来判断	
		说出本节课所学	总结：教师引导学生思考并分享本节课学到了什么。 1.单词：shine、cry、everyone、fly away、just。 2.句型：The sun is shining。 3.情感：乐于用所学语言描述图片，体会到学习英语的乐趣	

表5　Learning List 1（学习单一）

学习目标	1.能借助辅助工具，听懂、会读单词shine、cry、everyone、fly away、just，并能说出课文大意。 2.能借助课文活动一、二，看图写出重点句子

Learn by yourself（自主学）

1.I can listen and read， and imitate the pronunciation and intonation.

（反复听并跟读，注意模仿语音、语调）

2.亲爱的同学们，我们已经学过现在进行时了，请同学们写出以前学过的四个句子。

（1）____________________________________

（2）____________________________________

（3）____________________________________

（4）____________________________________

3.根据课文补全句子。

The sun is ______.The birds ____________.

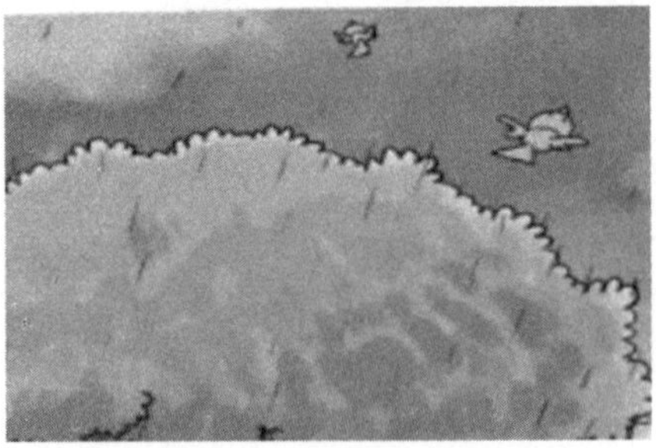

It' s ______ to ______ and the birds are ____________.

学习小贴士：

句子书写准确、优美	5分
句子有1~3处错误，书写认真	3分
句子有3处以上错误，书写认真	2分

填写准确，书写优美	5分
填写有1~3处错误，书写认真	3分
填写有3处以上错误，书写认真	2分

表6 Learning List 2（学习单二）

学习目标	1.通过小组互查、游戏等，会听、说、读、写shine、 cry、fly away等单词、短语，能听懂、会说、会运用The sun is shining。 2.通过小组合作、观看动画、课堂练习等，能正确朗读课文以及展演课文。 3.能运用已学语言在生活中描述图片或照片中的情景，并知道英语国家中典型的食品名称，体会到学习英语的乐趣
Learn in groups（合作学） 1.根据活动二补全思维导图。 2.根据例句描述图片。 In this photo， it's raining. The ducks are swimming on the pond.  In this photo， it's ________. The children ________. 	学习小贴士： 注意am/is/are+动词ing形式的运用

续 表

In this photo, it’s ________. The children ________.

评价标准：

填写准确，书写优美	5分
填写有1~3处错误，书写认真	3分
填写有3处以上错误，书写认真	2分

Exercise（延展学）

下面这幅图片是星期天孩子们在家玩耍的一幕，请根据提示单词，描述一下图片中孩子们都在做什么吧！

要求：

1.图中人物可以选用自己喜欢的名字。

2.提示词语：party、friends、sing、dog、eat、chess、talk

小学英语课程标准校本化解析

课程名称：英语

课程类型：国家课程

教材来源：《英语（六年级下册）》，外语教学与研究出版社，2013年版

授课对象：小学六年级

授课时间：62课时

设 计 者：王晓明　崔华荣

一、课程标准校本化解析缘起

《义务教育英语课程标准（2011年版）》是教学在宏观上最终要达成的内容标准，而对具体学段或年级要达到什么程度，课标中并没有做细致的规划。而学校教学既需要宏观上的指导，也需要微观、具体、可操作、可测评的标准。只有将宏观上的课程标准变成可操作、可测评的校本化课程目标，才能真正实现课标的落地。

二、课程标准校本化解析策略

1. 研究教材、学生，阅读文献资料和书籍，奠定校本化解析的理论基础

我们在深入研究不同版本的教材及学生的基础上，阅读学习了大量关于课程标准的文献资料和书籍。《义务教育英语课程标准（2011年版）》中指出义务教育阶段英语课程的总目标是：通过英语学习，使学生形成初步的综合语言运用能力，促进心智发展，提高综合人文素养。英语课程总目标包括语言技能、语言知识、情感态度、学习策略和文化意识五个方面，既体现了英语学习

的工具性，也体现了其人文性；既有利于学生发展语言运用能力，又有利于学生发展思维能力，从而提高学生的综合人文素养（如图1所示）。

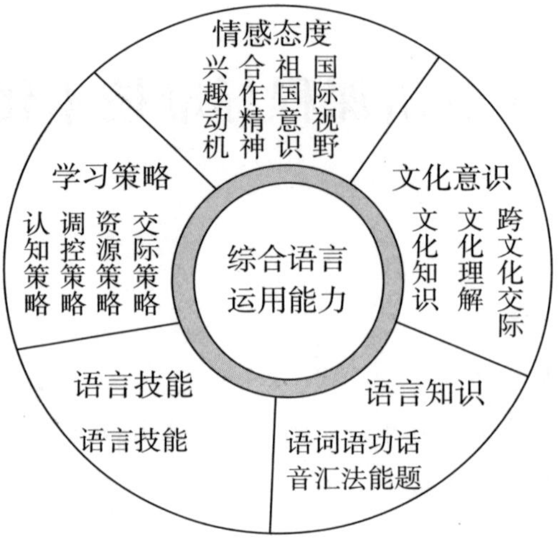

图1　英语课程目标结构

英语课程承担着培养学生基本英语素养和发展学生思维能力的任务，即学生通过英语课堂的学习掌握基本的英语知识，发展基本的英语听、说、读、写技能，初步形成用英语与他人交流的能力，进一步促进思维的发展，为今后继续学习英语和用英语学习其他相关学科文化知识奠定基础。

英语课程的目的是在发展学生综合语言运用能力的同时，培养其良好的道德品质和社会适应能力。

小学英语学科核心素养包括语言能力、思维品质、文化意识和学习能力。语言能力是指在社会情境中借助语言来理解和表达的能力；思维品质是指人的思想个性特征，反映其思维的逻辑性、批判性、创造性等方面的水平和特点；文化意识是指对中外文化的理解和对优秀文化的认知；学习能力是指拓宽学习渠道，积极调适学习策略，努力提升学习效率的意识、品质和潜能（如图2所示）。

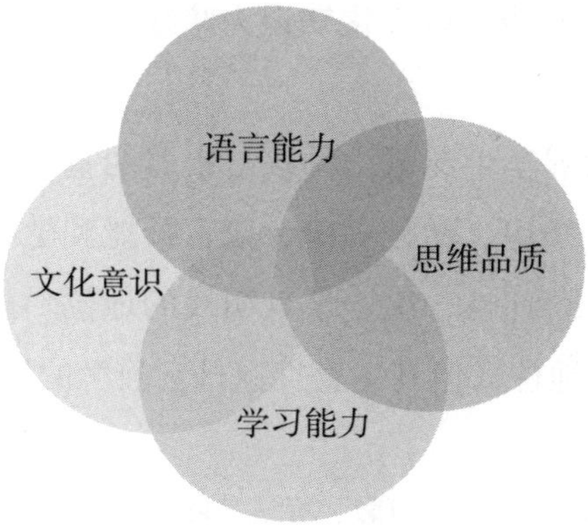

图2　小学英语学科核心素养

《普通高中英语课程标准（2017年版）》是结合核心素养制定的最新标准。所有的语言学习活动都应该在一定的主题语境下进行，即学生围绕某一具体的主题语境进行学习。基于不同类型的语篇，在解决问题的过程中，运用技能获取并梳理整合语言知识和文化知识。深化对语言的理解，重视对语篇的赏析，比较和探究文化内涵，汲取文化精华。通过运用各种学习策略，提高理解和表达的效果。由此构成六要素整合指向学科核心素养发展的英语学习活动观（如图3所示）。

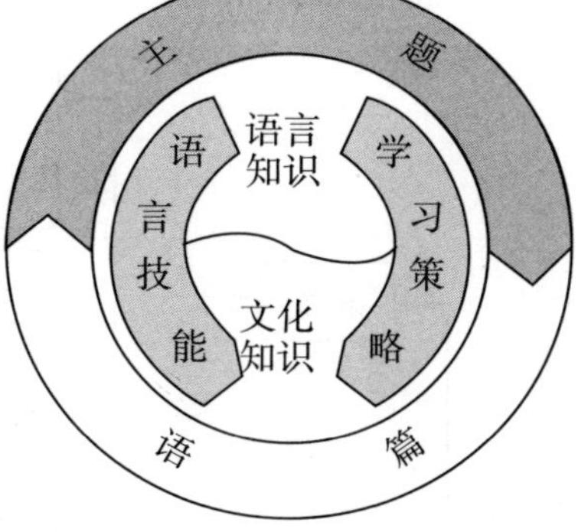

图3　六要素整合的英语课程内容图示

2. 解读课标、明确分解思路，形成校本化课程目标

通过对课标不断地解读、分析、分解、提炼等，逐渐形成了“一明一暗”两条主线的课标分解思路。

（1）以语言知识为明线，以文化知识为暗线，把课程标准转化为实际可操作的校本化课程目标。

英语课程内容是发展学生英语学科核心素养的基础，包括六个要素：主题语境、语篇类型、语言知识、文化知识、语言技能和学习策略。由于语言知识的可教、可学、可测、可评性，决定了其明线的地位。虽然文化知识的长期性和隐含性决定了其暗线地位，但其一直贯穿日常教学的始终（如图4所示）。

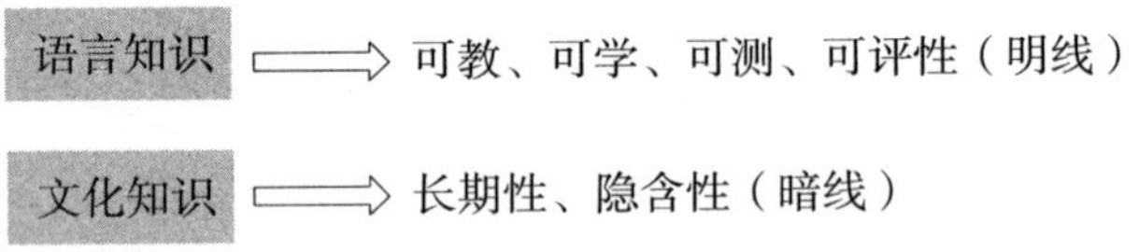

图4　日常教学贯穿整堂课

（2）以语言知识形成为主线，融知识与能力为一体，注重知识的输入和输出，使标准更具有可测性和可评性。

语言知识涵盖语音、词汇、语法、语篇和语用等方面的知识，而语音、词汇、语法等方面又不是孤立存在的，我们在解读义务教育英语课程标准，借鉴学习并结合教学实际经验的基础上，确立了将校本化课程标准中语言知识分为语篇和语用。语篇包含字母、词汇、句子和短文，语用包括听、说、读、写等，学生基于语篇所开展的学习活动都是基于语用技能（如图5所示）。

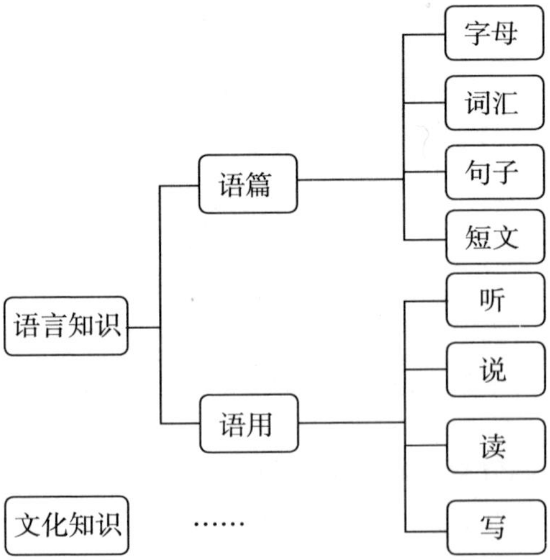

图5　语言知识与文化知识

为了便于检索和使用校本化课程目标，我们采用了部分编码形式，编码由字母加数字的形式组成。其中字母的含义为：L—听、S—说、R—读、W—写、C—文化知识。数字的含义为：字母后的第一个数字代表各层级能力，如W~1中的1代表书面表达能力中的第一个层次能力：能临摹、抄写课堂中习得的句子；第二个数字代表层级能力的子能力，如W~1~3中的3代表能正确、规范、美观地抄写课堂中习得的简单句。校本化课程目标如表1所示。

表1　校本化课程目标（小学高学段）

<table>
<tr><th colspan="3">课程内容</th><th colspan="2">校本化课程目标</th></tr>
<tr><td rowspan="11">语言知识</td><td rowspan="11">语篇</td><td rowspan="11">词汇</td><td>L~1能听辨课堂中所习得的词汇</td><td></td></tr>
<tr><td>L~2能听辨课堂中所习得的词汇的重音</td><td></td></tr>
<tr><td rowspan="2">L~3能借助视听辅助教材教具听辨出音频材料中的词汇</td><td>L~3~1能根据单词的音、形、义来听辨词汇</td></tr>
<tr><td>L~3~2能借助视听辅助教材教具听辨出名词的单复数形式、名词所有格、人称代词、物主代词、动词的各种形式</td></tr>
<tr><td rowspan="2">S~1能说出课堂中所习得的词汇</td><td>S~1~1能正确背诵课堂中所习得的词汇，并理解词汇的意义</td></tr>
<tr><td>S~1~2能以正确的轻重音说出所习得的词汇</td></tr>
<tr><td rowspan="2">S~2能根据图文、表演，说出日常生活中习得的词汇</td><td>S~2~1能根据图文、表演正确说出简单的词汇</td></tr>
<tr><td>S~2~2能根据图文、表演正确说出不同形式的词汇，区分名词的单复数形式、名词所有格、人称代词、物主代词、动词的各种形式</td></tr>
<tr><td rowspan="2">R~1能认读课堂中所习得的词汇</td><td>R~1~1能借助图片或实物整体认读课堂中所习得的词汇，并理解词汇的意义</td></tr>
<tr><td>R~1~2能根据拼读规律读出课堂中所习得的词汇，并理解词汇的意义</td></tr>
<tr><td>R~2能正确跟读、朗读、诵读课堂中所习得的词汇，并注意词汇的轻重音和连缀的读音</td><td></td></tr>
</table>

续 表

课程内容			校本化课程目标	
语言知识	语篇	词汇	W~1能临摹、抄写课堂中习得的词汇	W~1~1能临摹、抄写课堂中所学的词汇
				W~1~2能抄写课堂中所学的词汇
				W~1~3能正确、规范、美观地抄写课堂中所学的词汇
			W~2能拼写一些基本的常用字词	W~2~1能借助拼读规律辅助拼读单词
				W~2~2能独立拼写105个基本常用字词
			W~3能正确书写词汇	W~3~1能正确书写单词，并注意特殊单词的写法，如大小写、名词所有格中的“'s”等
				W~3~2能正确书写短语，在书写过程中，注意单词与单词之间保持一个字母的距离
		句子	L~1能听辨不同句式的语音、语调	L~1~1能听辨句子的重读
				L~1~2能按照意群听辨句子中的读音，包括连读、失去爆破、弱读、同化
				L~1~3能听辨不同句子的语调，如陈述句、祈使句、感叹句、特殊疑问句用降调，一般疑问句用升调
			L~2能听懂课堂中所习得的简单句子	L~2~1能听懂常用的课堂指令，如Stand up、Sit down、Come here等
				L~2~2能听懂课堂中简单的提问
			L~3能借助图片、图像、手势，听懂简单的句子或录音材料中的句子	L~3~1能借助图片、图像、手势，听懂课文中出现的句子
				L~3~2能借助图片、图像、手势，听懂不同录音材料中的句子
			S~1能以正确的语音语调说出简单的句型	S~1~1能以正确的语音语调背诵所听到的简单句子，做到发音清楚
				S~1~2能以正确的语调说出陈述句、疑问句、祈使句和感叹句，做到语调基本达意
			S~2能借助辅助教材、教具，以正确的语音语调说出习得的句子	S~2~1能根据录音模仿说句子
				S~2~2能根据图文、表演，正确说出习得的句子，做到发音清楚，语调基本达意

续 表

课程内容			校本化课程目标	
语言知识	语篇	句子	R~1能读懂教材中简短的要求或指令	
			R~2能以正确的语音语调，跟读、朗读、诵读出文本中的句子	
			R~3能根据不同的句式，读懂并体会句子意义的变化	
			W~1能临摹、抄写课堂中习得的句子	W~1~1能临摹课堂中习得的简单句子
				W~1~2能抄写课堂中习得的简单句子
				W~1~3能正确、规范、美观地抄写课堂中习得的简单句子
			W~2能掌握句子的正确书写格式	W~2~1能理解英文的书写格式
				W~2~2能在抄写过程中，注意英文的书写格式
				W~2~3能运用英文书写格式正确书写英文句子，特别注意大小写字母和常用的标点符号
			W~3能根据图片、词语或例句的提示，写出简短的语句	W~3~1能模仿范例写句子
				W~3~2能根据图片、词语或例句的提示，以正确的格式写出语句，并表达意义
		短文	L~1能借助图片、图像、手势，听懂简单的小故事、对话或录音材料的关键字词、句子	
			L~2能借助图片、图像、手势，听懂简单的小故事、对话或录音材料的内容大意	
			S~1能朗诵和吟唱歌谣韵文	S~1~1能正确背诵所习得的歌谣韵文
				S~1~2能正确朗诵和吟唱歌谣韵文

续 表

课程内容			校本化课程目标	
语言知识	语篇	短文	S~2能在教师的帮助下，在图片、图示的提示下，描述或讲述习得的小故事、小短文	S~2~1能在教师的帮助下，在图片、图示的提示下，描述或讲述课文文本中的小故事、小短文
				S~2~2能在教师的帮助下，在图片、图示的提示下，描述或讲述习得的辅助材料中的小故事、小短文
			R~1能看懂并会读贺卡等所表达的简单信息	
			R~2能借助图片读懂简单的故事或小短文，并养成按意群阅读的习惯	
			R~3能正确朗读所学故事或短文	R~3~1能正确跟读课本中的故事或短文
				R~3~2在跟读时能正确指出所读的字词
				R~3~3在朗读时能在适当的地方进行断句
				R~3~4能正确、流利地朗读课本中简短的故事或短文
				R~3~5能用正确的语音、语调，有感情地诵读或吟唱学过的歌谣、歌曲、对话或故事
			R~4尝试阅读英语故事及其他英语课外读物，并能体会到学习英语的乐趣	
			W~1能根据图片、词语或例句的提示，写出小短文	
			W~2能用正确的英文格式写出小短文，特别注意段落的开头、段与段之间的衔接	

续 表

课程内容				校本化课程目标
语言知识	语用	词汇	能以习得的词汇看图说话	能以正确的语音说出与图意相符的词汇
				能运用所习得的词汇表达图意
			能以习得的词汇进行简单的提问、回答和叙述	
			能借助视听材料，辨认并读出简单的故事与小短文中的关键词汇	
			能正确使用英文格式书写单词，并注意特殊单词的写法，如姓名、科目、国家等	
		句子	能根据教师的简单指令做动作、做游戏、做事情（如涂颜色、连线）	
			能使用习得的知识、日常生活用语完成交际任务	
			能利用习得的字词理解简单句子的意义	
			能以习得的句子看图说话，表达图意	
			能简单提问、回答和叙述1个话轮	
			能根据图片、词语和例句的提示，写出简短的语句	
		短文	能做简单的角色扮演	能以角色扮演的方式进行简单的对话
				能参与简单的短剧或演出

续 表

课程内容			校本化课程目标	
语言知识	语用	短文	能运用学过的英语，在有图片、幻灯片、实物或文字等前提下，描述或讲述简单的小故事	
			能简单提问、回答和叙述2~3个话轮，并做到语音、语调基本正确	
			能以简单的英语围绕熟悉的语境进行交流	能以学过的词汇和句子简单地介绍个人情况、家庭与朋友
				能以学过的词汇和句子描述或谈论学校、颜色、数量、衣食住行、职业、动物等，能连续表达3~5句话
文化知识	C~1对一般的打招呼、赞扬、请求、道歉、致谢、婉拒等做出适当的反应			
	C~2在学习和日常交际中能初步意识到中外文化的异同			
	C~3了解英语国家中重要的节假日，如圣诞节、感恩节等，以及这些节日的主要习俗，包括庆祝方式、食品、礼物、歌曲等			
	C~4知道英语国家中典型的食品和饮料的名称			
	C~5初步了解英语国家的主要饮食习惯及餐桌礼仪			
	C~6简单了解中外饮食文化不同的原因并能在不同场景下做出适当反应			
	C~7在交流中能初步注意到中外及有典型意义国家的饮食文化、节假日文化的不同，以加深对中国文化的理解			
	C~8了解英语国家中主要的文娱和体育活动			
	C~9能在中外不同文娱、体育活动的比较中，体悟不同的活动具有同样的价值			
	C~10知道主要英语国家的首都和国旗			